GLAUBENSSÄTZE

IHRE PERSÖNLICHE FORMEL
FÜR MEHR GLÜCK UND ERFOLG

von
Dr. Beate Guldenschuh-Feßler
und
Dr. Roman Feßler

Die Deutsche Nationalbibliothek verzeichnet diese Publikation in der Deutschen Nationalbibliografie; detaillierte Daten sind im Internet unter http://dnb.de abrufbar. Die Österreichische Nationalbibliothek verzeichnet diese Publikation in der Österreichischen Nationalbibliothek.

Lektorat: DOKTORESSA – Dr. phil. Nora Gottbrath, M. A.
Umschlaggestaltung: Pixelcompetence

www.verlagmensch.com
info@verlagmensch.com
6900 Bregenz, Österreich

2. überarbeitete Auflage 2020
1. Auflage 2018
ISBN: 978-3-9519-8221-2

INHALTSVERZEICHNIS

Einleitung

Wir alle führen täglich und pausenlos Selbstgespräche, sprich einen inneren Dialog mit uns selbst. Durch unsere inneren Zwiegespräche instruieren wir uns selbst und beeinflussen dabei unsere Gefühle und Handlungen. Was wir zu uns sagen, bestimmt, ob wir angespannt oder entspannt, zufrieden oder unzufrieden, glücklich oder unglücklich sind. Sind diese Aussagen oder Gespräche negativ, fühlen wir uns schlecht, was unser Handeln lähmt. Führen wir jedoch liebevolle oder zuversichtliche Selbstgespräche, dann verspüren wir ein gutes Gefühl, und unser Handeln ist freudvoll und positiv.

In unseren Selbstgesprächen erfahren wir viel über unsere Überzeugungen und Glaubenssätze. Glaubenssätze sind Annahmen, die wir über uns selbst, über Sachverhalte und Situationen getroffen und tief in unserem Inneren verankert haben. „*Wenn ich Nein sage, werde ich abgelehnt*", „*Ich habe nie Erfolg*" oder „*Ich habe nichts zu sagen*" sind Beispiele für negative Glaubenssätze. Es gibt unzählige verschiedene derartiger destruktiver Glaubenssätze; eines haben sie jedoch gemeinsam: Sie hindern uns daran, das Beste aus uns und unserem Leben zu machen. Der Anthropologe Raymond Birdwhistell stellte bereits 1970 fest, dass unsere Dialoge mit uns selbst einen hundertprozentigen Einfluss auf die Erfolge und Misserfolge unseres

Lebens haben. Es sind unsere negativen Glaubenssätze, Gedanken und Selbstgespräche, die uns lähmen und daran hindern, das Leben zu führen, das wir führen wollen.

Das Leben hat seine Schattenseiten. Wir entscheiden jedoch, wie wir mit ihnen umgehen. Wir können uns darüber deprimierende Gedanken machen und negative oder gar selbstzerstörerische Selbstgespräche führen oder sie annehmen und das Beste daraus machen. Der Schlüssel hierzu sind unsere Glaubenssätze. Wenn wir erkennen und akzeptieren, dass sie es sind, die über unser seelisches Wohlbefinden entscheiden, dann haben wir den ersten Schritt getan, um mehr Lebensfreude und Zufriedenheit in unser Leben zu bringen. Wenn Sie also ein glückliches und erfolgreiches Leben führen wollen, brauchen Sie ein bestimmtes Vokabular, das Ihnen hilft, Glück und Zufriedenheit zu erlangen. Positive Glaubenssätze, sogenannte Affirmationen, können Ihnen helfen, mit und über sich selbst in positiver und akzeptierender Weise zu sprechen. Dieses Buch gibt Ihnen alle Werkzeuge an die Hand, die Sie brauchen, um Ihre ganz persönlichen Affirmationen zu erstellen. Entwickeln Sie mithilfe dieses Ratgebers Ihre individuelle Affirmationsformel und nutzen Sie die vier Vorteile von Affirmationen. Der erste Vorteil: Sie wandeln Ihre negativen Gedanken in positive um und betten diese in einen gesunden und glücklichen Kreislauf des Denkens ein. Vorteil Nummer zwei: Das Praktizieren von Affirmationen verschafft Ihnen ein gesteigertes Selbstwertgefühl. Der dritte Vorteil ist, dass Affirmationen Sie dabei unterstützen, Ihre Energie auf Ihre Ziele und Absichten zu fokussieren. Und der vierte Vorteil liegt darin, dass Affirmationen Ihnen helfen können, Ereignisse oder Aspekte Ihres Lebens, die nicht verändert werden können, zu akzeptieren.

Die Verbindung all dieser Vorteile führt zu einer Verbesserung Ihrer Lebensqualität. Mit positiven Gedanken, einem starken Selbstwertgefühl und klaren Absichten steht Ihnen die Welt offen. Sie brauchen nur noch den ersten Schritt zu tun. Wir wünschen Ihnen dabei viel Erfolg!

Im Text und in den Fußnoten sind hin und wieder Verweise zu Internetseiten als Quellen oder für vertiefende Informationen angeführt. Wir haben bei jedem Link den Zeitpunkt unseres letzten Zugriffs vermerkt, bitten jedoch um Verständnis, dass wir keinen Einfluss darauf haben, wie lange diese Internetseiten abrufbar sind.

Dr. Beate Guldenschuh-Feßler
Dr. Roman Feßler

1.

Glaubenssätze und Affirmationen

Was sind Glaubenssätze?

Jeder von uns hat bestimmte Glaubens- oder Überzeugungssysteme, die eng mit den eigenen persönlichen Werten verknüpft sind und die unsere Motivation, Entscheidungsfindung und Leistungsfähigkeit erheblich beeinflussen können. Diese Systeme prägen unseren Lebenswillen und ermöglichen die Entwicklung und Gestaltung von Lebensplänen, Zielen und Bedürfnissen. **Glaubenssysteme bestehen dabei aus mehreren Glaubenssätzen**, die sich gegenseitig stützen und verstärken. Glaubenssätze sind der Ausdruck dessen, was wir über uns und die Welt denken. Sie bestimmen unsere Erwartungen, das, was wir für wahr halten, und das, was wir erreichen können. Man könnte sie auch als **innere Überzeugungen** bezeichnen. Sie sind wichtig, weil sie für unser Unterbewusstsein die Welt überschaubarer und einfacher machen. **Positiv formulierte Glaubenssätze werden auch als Affirmationen bezeichnet.**

Eine Affirmation ist ein selbstbejahender Satz, den wir uns selbst wieder und wiederen, um unsere Gedanken umzuprogrammieren.

Der Begriff der Affirmation ist von dem lateinischen Wort „firmare" abgeleitet und bedeutet so viel wie „befestigen, versichern, ermutigen, zustimmen, stärken". Eine Affirmation ist somit eine Zustimmung oder Stärkung der getroffenen Aussage. Eine wohlüberlegte, zielgerichtete Affirmation ist daher die einfachste Methode, wenn es darum geht, sich positiv zu verändern, vorausgesetzt, sie wird richtig formuliert und richtig angewandt.

Woher unsere Glaubenssätze kommen

Unsere Selbstgespräche, unsere inneren Dialoge, all dies ist ein Strom von Glaubenssätzen und Affirmationen. Praktisch in jedem Augenblick unseres (wachen) Lebens benutzen wir Glaubenssätze und Affirmationen, ob wir uns dessen bewusst sind oder nicht. Dabei folgt das, was wir über uns selbst und das Leben denken und glauben, unseren ganz persönlichen Denkmustern. Wir kommen jedoch nicht mit diesen Denkmustern und Glaubenssätzen zur Welt, sondern erwerben sie im Verlauf unserer persönlichen Entwicklung **in drei bestimmenden Phasen:**

Von der Geburt bis etwa zum siebten Lebensjahr durchleben wir die **Periode der Prägung,**[1] in der wir alle Ereignisse, Bilder, Geräusche, Gefühle, Geschmäcke und Gerüche in uns aufnehmen. Viele unserer prägenden Glaubenssätze haben sich bereits in diesen frühen Kindheitstagen gebildet. Dabei ist es so ähnlich wie mit einem fabrikneuen Computer, den man mit Software bestückt. Sie können sich Schadprogramme aufladen, die Ihren Computer regelmäßig oder bei bestimmten Abläufen abstürzen lassen, oder Sie laden

[1] Hasselhorn, Marcus/Schneider, Wolfgang (2007) Handbuch der Entwicklungspsychologie. Handbuch der Psychologie, Hogrefe Verlag.

förderliche und hilfreiche Programme auf, die Ihren Computer hervorragend funktionieren lassen.

Die Schadprogramme in Ihrem Denken sind die negativen Glaubenssätze. Sie schränken Sie ein und mindern Ihren Erfolg und Ihr persönliches Glück. Negative Glaubenssätze lassen Sie zweifeln, zögerlich oder gar untätig werden. **Die hilfreichen Programme in Ihrem Denken sind die positiven Glaubenssätze bzw. Affirmationen.** Sie geben Energie und Motivation und helfen Ihnen, Herausforderungen zu meistern und Ihre Ziele zu erreichen. Glaubenssätze wie zum Beispiel „*Jungen weinen nicht*" oder „*Mädchen sind immer lieb und brav*", „*Zuerst kommt die Pflicht, dann das Vergnügen*" oder „*Du darfst das nicht*" sind typische negative Glaubenssätze und Lebensregeln frühester Prägung, die auch noch im Erwachsenenalter als eine Art Leitlinie Geltung haben können.

Bei der Entwicklung dieser Lebensregeln spielen in erster Linie die Eltern eine erhebliche Rolle. Das persönliche Modell der Welt wird dem Kind durch verbale wie nonverbale Botschaften und Metabotschaften vermittelt. Dabei können Glaubenssätze der Eltern über das Kind zu Glaubenssätzen des Kindes über sich selbst werden; man spricht diesbezüglich von Internalisierung. Aus der elterlichen Botschaft „*Du bist so ungeschickt*" an die Tochter kann dann der Glaubenssatz „*Ich bin so ungeschickt, ich kann das nicht*" des Mädchens werden.

> *Die Aufgabe der Umgebung ist nicht, das Kind zu formen, sondern ihm zu erlauben, sich zu offenbaren.*
>
> *Maria Montessori*

In der sich daran anschließenden **Periode der Modellierung** ahmen wir unsere Eltern und andere von uns bewunderte Menschen nach. Diese Periode dauert etwa vom achten bis zum dreizehnten Lebensjahr. Danach befinden wir uns in der **Sozialisierungsperiode**, in der wir als Heranwachsende aus der Familie herausgehen und neue Menschen kennenlernen. In dieser Zeit werden unsere sozialen Wertvorstellungen und Glaubenssysteme ausgebildet. Neben der Erziehung können Glaubenssätze auch durch **eigene Erfahrungen im persönlichen Lernprozess** entstehen. Wenn eine Frau zum Beispiel mehrmals von Männern betrogen wurde, entwickelt die enttäuschte Frau mitunter den verallgemeinernden Glaubenssatz: *„Alle Männer sind untreu."*

Schließlich können unsere Überzeugungen über die Welt oder über uns selbst auch durch Medien, Bücher und die Kommunikation mit anderen Personen gewonnen werden. **Unsere Glaubenssätze sind also durch unsere Erziehung, unsere Beobachtungen und unsere Erfahrungen entstanden.** Die gute Nachricht ist: Glaubenssätze sind keine unumstößlichen Lebensregeln, sondern können bewusst und gezielt verändert werden – eine Tatsache, die sehr wichtig ist.

Wirkung von Glaubenssätzen

Der französische Apotheker Émile Coué fand bereits Anfang des 20. Jahrhunderts heraus, dass die Wirkung der Medikamente, die er seinen Kunden verkaufte, davon abhing, mit welchen Worten er diese überreichte. Wenn er sagte: *„Mit diesem Medikament werden Sie sicher ganz schnell gesund"*, wirkte die Arznei besser, als wenn er keinen Kommentar dazu abgab. Seine Patienten sollten sich zudem täglich folgende Formel morgens, mittags und abends jeweils 25-mal halblaut vorsagen: ***„Es geht mir Tag für Tag und in jeder Hinsicht immer besser und besser."*** Mit dieser Methode erzielte Coué überwältigende Erfolge, und seine Patienten kamen von nah und fern. Aus seinen Beobachtungen entwickelte Coué die Lehre der **Autosuggestion.** Er erkannte, dass die gedankliche Selbstbeeinflussung des Kranken entscheidend für dessen Heilung ist. Coué beschrieb zwei grundlegende Erkenntnisse:

- **Jeder Gedanke in uns hat die Tendenz, zur Realität zu werden.**
- **Jeder Mensch ist in der Lage, sein Wohlbefinden durch positive Glaubenssätze zu steigern.**

Inzwischen ist diese Erkenntnis durch eine Vielzahl wissenschaftlicher Studien belegt. So beschäftigt sich ein ganzer Forschungszweig, die Psychoneuroimmunologie, mit den Auswirkungen von Gedanken und Gefühlen auf die Tätigkeit des Immunsystems. Die Weiterentwicklung der psychosomatischen Medizin lieferte eine Fülle von Erkenntnissen über das Zusammenwirken von Geist und Körper. Neben unseren Körperfunktionen wird auch unser Verhalten maßgeblich von unseren Überzeugungen und unserem Glauben geprägt. **Glaubenssätze bestimmen und formen somit unser tagtägliches Leben und Erleben.**

Kraft der Gedanken

Unsere Gedanken kommen und gehen. Nicht zu denken, ist physisch eigentlich nicht möglich. Unsere Sinne und Erinnerungen regen unser Gehirn zum Denken an, und in diesem Gedankenstrom entsteht das, was wir laut oder leise aussprechen oder still für uns behalten. Der Tag hat 24 Stunden; etwa drei Viertel davon erleben wir bewusst. In dieser Zeit können wir bestimmen, was wir denken. Wir haben also etwa 18 Stunden lang die Möglichkeit, Förderliches oder Hinderliches zu denken, zu grübeln oder uns zu freuen. Pro Tag steuert unser Gehirn ca. 30.000 bis 60.000 Gedanken. Davon sind **lediglich 3 Prozent positive, aufbauende Gedanken, 25 Prozent sind negative Gedanken, und 72 Prozent sind neutrale, flüchtige bzw. unbedeutende Gedanken.**

Allein das Verhältnis von 3 zu 25 Prozent zeigt schon, wie unausgewogen die Relation zwischen negativen und positiven Gedanken ist. In Krisensituationen und bei Krankheiten kann sich dieses Verhältnis darüber hinaus eklatant verschieben: Nicht selten stehen dann den 3 Prozent positiven Gedanken 75 Prozent an negativen gegenüber.[2] Prägen wir uns einen Gedanken ein, dann hat das Konsequenzen: Der Gedanke wird uns vertraut, kann zur inneren Überzeugung werden und wirkt dann in unsere Worte und Handlungen hinein. Und damit wird auch verständlich, dass **Glaubenssätze und Affirmationen das verstärken, was wir glauben, spüren, sehen oder haben wollen.** Wir sind heute im körperlichen wie auch im geistigen Sinn genau das, was unsere Gedanken aus uns gemacht haben. Die Gedankenwelt ist deshalb auch für unsere Zukunft enorm wichtig. Richtig angewandt, können uns Affirmationen als Wegbereiter und Verstärker für erwünschte Gefühle, Visionen und Veränderungen dienen.

Erkenntnisse der Gehirnforschung

Die Bereiche für positives oder negatives Denken in unserem Gehirn sind in verschiedenen Regionen untergebracht. Im rechten Frontallappen des Gehirns, der sich etwas oberhalb der Schläfe befindet, sitzt das Areal für alle negativen Gedanken, Gefühle und Überzeugungen. Im linken Frontallappen des Gehirns, also genau gegenüber, liegt das Zentrum für unsere positiven Gedanken.

Diese beiden Zentren sind unterschiedlich groß entwickelt, und zwar je nachdem, wie unsere Denkgewohnheiten ausgeprägt sind. Denken wir oft negativ über uns und die Welt, wird der rechte Frontallappen sehr ausgeprägt sein. Sind wir eher optimistisch und denken gern positiv über uns und die Welt, ist das Areal auf der linken Seite größer und stärker entwickelt. **Unser Gehirn passt sich immer**

[2] Eggetsberger, Gerhard/Eggetsberger, Markus (2020) Psychonetik – FlowZoning und andere psychonetische Techniken: *https://eggetsberger.net* (letzter Zugriff: 14.03.2020).

dem an, was wir vorrangig tun und denken. Man spricht in diesem Zusammenhang auch von der *Plastizität des Gehirns*.

Wussten Sie, dass …

… Kopfarbeiter rund 50.000 Gedanken pro Arbeitstag denken? Zu 90 Prozent denken wir stets das Gleiche, und die meisten Menschen richten ihren Fokus unbewusst auf Probleme.[3]

Die Medizin kann durch eine Magnetresonanztomografie sehr genau messen, welches Gehirnareal in der Vergangenheit intensiver entwickelt wurde. Wenn wir nörgeln, schimpfen, streiten, uns selbst beschimpfen oder fertigmachen, vergrößert sich der rechte Bereich des Gehirns und wird uns sehr rasch selbstständig mit weiteren negativen Gedanken bombardieren und automatische Gedankenketten in diese Richtung fördern.

Das linke Areal für positive Gedanken wird währenddessen kleiner werden und immer mehr verkümmern. Wir werden also nur noch selten positive Gedanken über uns und andere haben. Denken wir dagegen vorrangig positiv, loben wir uns, sind wir stolz auf uns, sagen wir Schönes über uns und andere, so wird sich der linke Bereich vergrößern und unser gesamtes Denken darauf ausrichten. **Wir werden uns immer positiver wahrnehmen, und unser Leben wird sich danach ausrichten.** Zu bedenken ist allerdings, dass wir Menschen unbewusst meistens negativ denken. Nämlich, indem wir unseren Gedanken einfach freien Lauf lassen. Dabei hat unser Gehirn die Tendenz, sich auf die Gefahren und Probleme des Lebens zu konzentrieren und diese noch größer zu machen, als sie sind. All unsere Befürchtungen und Ängste lassen uns genau das wahrnehmen, was sie bestätigt, und uns passend dazu verhalten. **Die Erkenntnisse der Hirnforschung zeigen jedoch auch, dass unser Gehirn die Fähigkeit besitzt, seine Vernetzungen zu ändern und**

---

[3] Späth, Thomas/Grabitzki, Sylvana (2012) Leben und Arbeit in Balance. Beltz Verlag.

neue Verknüpfungen von Nervenzellen auszubilden, wenn wir für eine gewisse Zeit Neues tun oder anderes denken. Nach der Theorie der ***neuronalen Plastizität*** ist unser Gehirn bis ans Lebensende in höchstem Maße form- und veränderbar. Dementsprechend sind auch unser Geist und unsere Wahrnehmung form- und veränderbar.

Durch bestimmte Gedanken, Erinnerungen, Wünsche, Erfahrungen sowie etwa durch positive Glaubenssätze und Visualisierungen können wir die neuronale Plastizität so anregen, dass sich die Netze im Gehirn dementsprechend verändern. Dies führt zur Umgestaltung des neuronalen Schaltplans unseres Gehirns. Da unser Gehirn bestimmt, wer wir sind und wie wir die Wirklichkeit sehen, führt dies auch zur Umgestaltung unserer Wirklichkeit und damit unseres Lebens.

Die neuronale Plastizität versetzt uns somit in die glückliche Lage, unser Leben in jede beliebige Richtung entwickeln zu können. Die wissenschaftliche Tatsache, dass unser Gehirn eine derartige Formbarkeit besitzt, lässt Gehirnforscher Niels Birbaumer auf Folgendes schließen: „*Da unser Gehirn unsere Realität bestimmt und dabei hochgradig formbar ist, können wir auch durch bestimmte Techniken und Methoden mühelos unsere Wahrnehmung und Bewertung der Wirklichkeit verändern und somit auch unsere Welt entsprechend unseren Wünschen, Träumen und Zielen transformieren. Die Lehren der Neurobiologie über die neuronale Plastizität sind für diese Aussagen eine unleugbare Grundlage und zugleich der Beweis für die Machbarkeit.*“[4]

Wenn wir bewusst steuern, was wir erleben und wahrnehmen, bzw. wenn wir darauf achten, womit wir unser Gehirn füttern, so verändern wir es auch entsprechend diesem Input: Unser Gehirn organisiert sich demgemäß neu. **Es liegt immer in unserer Hand, welchen Bereich des Gehirns wir nutzen und vergrößern wollen.**

---

[4] Birbaumer, Niels (2015) Dein Gehirn weiß mehr, als du denkst: Neueste Erkenntnisse aus der Hirnforschung. Verlag Ullstein.

Das Faszinierende daran ist, dass wir jederzeit eine neue Wirklichkeit für unser Leben erschaffen können. Wenn wir für eine gewisse Zeit durch neue Denkweisen unsere bisher brachliegenden Abschnitte des Gehirns trainieren, können unsere Erfahrungen in Zukunft völlig anders verlaufen. Wir löschen regelrecht alte Programme im Gehirn und erschaffen neue.

Arten von Glaubenssätzen

Unsere Überzeugungen und Glaubenssätze wirken also auf unser Leben, indem sie unsere Sicht der Dinge und damit auch unsere Handlungen entweder positiv unterstützen oder aber einschränken. Im Idealfall stimmen unsere Glaubenssätze mit unseren Werten und Zielen überein; dann sind es **positive Glaubenssätze.** Im negativen Fall behindern sie uns in unserer Entwicklung und der Erreichung unserer Ziele, womit es sich um **negative oder beeinträchtigende Glaubenssätze** handelt.

Negative Glaubenssätze

Negative Glaubenssätze sind Aussagen über vermeintliche Mängel in bzw. an uns, die sich als Überzeugungen verfestigt und als Blockaden in uns verankert haben. Einschränkende Glaubenssätze begrenzen uns und führen dazu, dass wir sehr viel weniger Spaß, positive Ergebnisse und Lebensglück haben, als wir könnten. Die Krux an einschränkenden Glaubenssätzen ist zudem: Negative Glaubenssätze lösen negative Gedanken aus. Diese Gedanken erzeugen dann bestimmte Gefühle, die wiederum zu einem bestimmten Verhalten führen. Wir kennen diesen Grundsatz auch unter dem Begriff der ***selbsterfüllenden Prophezeiung.***

Wenn Sie den Glaubenssatz „*Ich sehe nicht gut aus, und keiner interessiert sich für mich*“ haben, werden Sie Unsicherheit ausstrahlen und sich so schüchtern verhalten, dass sich niemand mit Ihnen unterhält. Darauf reagieren Sie mit Gedanken wie „*Keiner redet mit mir, niemand nimmt mich wahr*“ **(Gedanke)**, was wiederum zur Folge hat, dass Sie sich noch unsicherer fühlen **(Gefühl)** und noch mehr zurückziehen **(Verhalten)**. Folglich werden Sie noch weniger beachtet, was Ihnen letztlich die Bestätigung gibt: „*Ich sag's ja immer: Ich sehe nicht gut aus, und keiner interessiert sich für mich.*“ Und weil Sie sich selbst bestätigen, wird die Annahme, dass dies die einzig mögliche Realität ist, immer fester und trägt dazu bei, dass Sie sich unsicher und wertlos fühlen.

Leider neigen wir Menschen auch dazu, einmal gemachte negative Erfahrungen zu generalisieren. Wenn wir einmal etwas erfolglos ausprobiert haben, laufen wir Gefahr, in diesem negativen Resultat eine Regelmäßigkeit zu erkennen zu glauben. Angenommen, Sie haben einen Vortrag gehalten, obwohl Sie überzeugt waren, dem nicht gewachsen zu sein. Der Vortrag missglückt dann auch tatsächlich, woraufhin Sie sich schwören: „*Das mache ich nie wieder, das kann ich nicht!*“ Folge dieser Verallgemeinerung kann sein, dass Sie nie mehr einen Vortrag halten werden.

Hier ein paar weit verbreitete negative Glaubenssätze:

- *Ich bin nichts wert.*
- *Ich bin unwichtig.*
- *Ich bin nicht wert, geliebt zu werden.*
- *Ich verdiene keine Beachtung.*
- *Ich habe nie Erfolg.*
- *Ich kann nichts erreichen.*
- *Andere werden immer bevorzugt.*
- *Ich bin schuldig.*
- *Mädchen/Frauen sind minderwertig.*
- *Ich wirke als Mann/Frau nicht anziehend auf andere.*
- *Ich bin nicht begehrenswert.*

- *Ich bin zu dick (zu dünn / zu groß / zu klein / ...).*
- *Meine Beine sind zu dick (Meine Augen sind zu klein / Meine Haare sind zu dünn / Alle starren nur darauf ...).*
- *Meine Taille ist zu breit (Mein Bauch ist zu dick / Mein Rücken ist zu krumm ...).*
- *Ich bin ein Nichtsnutz.*
- *Ich bin ein Versager.*
- *Ich habe zwei linke Hände.*
- *Ich bin hilflos.*
- *Ich bin machtlos.*
- *Ich darf meine Meinung nicht sagen.*
- *Ich mache immer alles falsch.*
- *Ich bin immer die bzw. der Letzte.*
- *Ich bin uninteressant.*

Laut einer Studie der Harvard University hört **jeder Jugendliche bis zu seinem 18. Lebensjahr ca. 180.000 solcher negativen Suggestionen.** Diese Suggestionen können dann durch ihre häufigen Wiederholungen zu Glaubenssätzen werden und verschütten damit unsere Zuversicht, unsere Begabungen und unseren Glauben.

Nachfolgend finden Sie ebenfalls einige einschränkende Glaubenssätze und dazu Beispiele, die Sie nachdenklich stimmen sollten.[5]

1. ***Ich bin zu jung:***
    - Boris Becker hat mit 17 Jahren zum ersten Mal Wimbledon gewonnen.

---

[5] *www.landsiedel-seminare.de* (letzter Zugriff: 05.05.2020).

- David Stuart hielt mit 12 Jahren vor einer Gruppe von 150 Archäologen einen wissenschaftlichen Vortrag über ein von ihm dechiffriertes Schriftzeichen der Maya-Sprache.
- Mit 15 Jahren wurde Judit Polgar der jüngste Schachgroßmeister aller Zeiten.

2. ***Ich bin zu alt:***

    - Hulda Crooks wusste mit 60 noch nicht, dass sie mit 70 das Bergsteigen als neues Hobby für sich entdecken würde. Mit 90 war sie die älteste Frau, die jemals den Fudschijama bestiegen hatte.
    - Livius schrieb mit 75 Jahren die Geschichte Roms.
    - Goethe schrieb mit 80 Jahren den „Faust“.

3. ***Ich bin nicht gut genug ausgebildet:***

    - Etwa 80 Prozent der erfolgreichsten Unternehmer haben weder Abitur noch ein abgeschlossenes Studium.
    - Albert Einstein hatte kein Abitur. Bei seiner ersten Aufnahmeprüfung an der Eidgenössischen Technischen Hochschule fiel er durch. Trotzdem stellte er die Relativitätstheorie auf und wurde der berühmteste Physiker des 20. Jahrhunderts.

4. ***Mir fehlt die Fähigkeit:***

    - Robert W. Woodruff konnte wegen einer Dyslexie nicht richtig lesen. Selbst als er ein großer Unternehmer war, musste er jedes Wort einzeln aussprechen. Trotzdem leitete er bis zu seinem Tod 1985 die Coca-Cola Company in Atlanta und schuf einen der erfolgreichsten Konzerne der Welt.

5. ***Meine körperlichen Beeinträchtigungen hindern mich daran, erfolgreich zu sein:***
    - Der blinde Sänger José Feliciano erspielte sich 38 goldene Schallplatten.
    - Auch der blinde Popsänger Stevie Wonder ist weltberühmt geworden.
    - Sylvester Stallone wurde trotz seines gelähmten Augenlids und seiner langsamen Sprechweise einer der größten Helden Hollywoods.

Positive Glaubenssätze

„Nicht der Wille ist der Antrieb unseres Handelns, sondern die Vorstellungskraft“, schrieb der französische Apotheker Émile Coué in seinem Buch über die Grundsätze der Autosuggestion.[6] Konkret bedeutet das: Alle Macht liegt in unseren Gedanken – wir bekommen das, was wir uns vorstellen. Wenn Sie positive Gedanken und Anregungen in Ihr Unterbewusstsein einfließen lassen, wird dies letztlich eine positive oder optimistische Einstellung aufbauen. Wenn Sie es sich zur Gewohnheit machen, positive Ideen und Formulierungen in Ihr Unterbewusstsein einzubringen, fängt dieses an, ähnliche Denkmuster zu produzieren. Und wenn Ihre Gedanken positiv werden, werden auch Sie optimistischer. Indem Sie Affirmationen rezitieren, stärken Sie sich selbst und bauen eine gesunde Denkweise auf, die immer an Wachstum, Entwicklung und neuen Ideen ausgerichtet ist.

---

[6] Coué, Émile (2017) Bewusste Autosuggestion: Nicht der Wille ist der Antrieb unseres Handelns, sondern die Vorstellungskraft. Epubli Verlag.

Zehn Gründe für die Arbeit mit Affirmationen:

Mit Affirmationen ...

1. *fördern Sie hilfreiche, positive Glaubenssätze in Ihnen*
2. *selbst und verankern sie wirkungsvoll.*
3. *richten Sie Ihren Geist bewusst auf das, was Ihnen gut tut.*
4. *wirken Sie negativen inneren Dialogen entgegen.*
5. *motivieren Sie sich mit klaren Worten.*
6. *spornen Sie sich selbst an, zu tun, was Sie tun wollen.*
7. *verstärken Sie bewusst Ihre Wünsche und Vor-stellungen.*
8. *machen Sie Veränderung möglich, weil Sie voraus-denken, was sein kann.*
9. *gewinnen Sie mehr Bewusstheit über Ihre eigenen Denkmuster.*
10. *achten Sie besser auf Ihre Gedanken und Gefühle.*
11. *nehmen Sie positiven Einfluss auf sich selbst.*

> *Die größte Entscheidung deines Lebens liegt darin, dass du dein Leben ändern kannst, indem du deine Geisteshaltung änderst.*
>
> *Albert Schweitzer*

Merkmale positiver Affirmationen

Damit Ihre positiven Glaubenssätze bzw. Affirmationen so effektiv wie möglich für Sie wirken können, sind folgende wichtige Punkte zu beachten:

Positiv formuliert

Gerade wenn sich Ihr typisches Denkmuster in Richtung des Negativen bewegt, achten Sie darauf, Ihre **Affirmationen immer positiv zu formulieren**. Der Sinn von Affirmationen liegt gerade darin, den Geist neu zu trainieren, um mehr positives Denken zu erreichen. Daher ist es absolut notwendig, dass Ihre Affirmationen keine negativen Begriffe enthalten: „*Ich werde* NICHT *mehr …*" legt den Fokus Ihrer Aufmerksamkeit auf das Unerwünschte. „*Ich bin vollkommen frei von* …" schafft dagegen eine neue Selbstbeschreibung, die Ihnen neue Potenziale des Handelns und Erlebens erschließt. Die Formulierung „*Ich will keine Angst haben*" fokussiert das Negative, während sich die Aussage „*Ich fühle mich sicher und geborgen*" auf das Positive konzentriert. Achten Sie daher darauf, dass Ihre Affirmationen keine Verneinungen enthalten, und vermeiden Sie Worte wie *nicht, nie, aber, obwohl, stattdessen, trotz.*

> *Damit sich eine Veränderung in unserem Leben vollzieht, muss sich zuerst unser Denken ändern.*
>
> *Roman Feßler*

Denken Sie nicht an eine reife, frische Erdbeere! Woran denken Sie sofort? Etwa an eine Erdbeere? Der Grund liegt darin, dass **Bilder, die in unserem Kopf entstehen, eine Verneinung ignorieren.** Deshalb hatten Sie soeben ein Bild von einer frischen Erdbeere vor Augen. Eine Verneinung kann das Gehirn nur erfassen, wenn diese bildhaft dargestellt wird. Im vorliegenden Beispiel etwa, wenn die reife, frische Erdbeere z. B. in Gedanken mit einem Rotstift durchgestrichen wird. Erst jetzt weiß unser Gehirn, dass ein „nicht", also eine Verneinung, gemeint ist. Auch das bekannte Spiel „Stille Post" spiegelt diese Reaktion wider. „Der Hahn ist nicht tot" wird vom ersten Spieler an den nächsten weitergegeben. Schon beim dritten bis fünften Mitspieler wird sich dieser Satz in „Der Hahn ist tot" ändern. Versuchen Sie es selbst einmal.

Enthält ein Satz eine Verneinung, braucht unser Gehirn beim Verarbeiten der Information länger. Unser Gehirn besteht aus zwei Hälften. Die linke Gehirnhälfte ist für die Logik und die Linearität verantwortlich. Sie verarbeitet Sachinformationen. Mit der rechten Gehirnhälfte verarbeiten wir Bilder, Emotionen und Erlebnisse. Wenn Sie die Aufforderung *„Denken Sie nicht an einen frisch gepressten Orangensaft!"* hören, kommt links die Botschaft logisch richtig an, doch mit der rechten Gehirnhälfte sehen und erleben Sie im selben Moment den Orangensaft. **Die rechte Gehirnhälfte versteht also keine Negationen.** Verneinungen sind folglich Doppelbotschaften: Links kommt etwas anderes an als rechts.

Mit Negationen in Affirmationen stiften Sie also nur Verwirrung im Gehirn.[7] Diese negativen Aussagen, so gering sie auch sein mögen, beeinträchtigen die positive Kraft Ihrer Affirmation. Gerade wenn es darum geht, eine Gewohnheit zu ändern, auf ein Ziel hinzuarbeiten oder einen bestimmten Aspekt Ihres Lebens zu verändern, sollte diese Veränderung stets positiv gestaltet werden. Aus diesem Grund wird auch im Mentaltraining ausschließlich mit positiven Formulierungen gearbeitet.

Sollten bei Ihrem ersten Versuch, eine Affirmation zu kreieren, doch noch einige negative Wörter darin enthalten sein, bleiben Sie entspannt. Es erfordert einige Übung, diese negativen Denkmuster zu überwinden. **Überarbeiten Sie Ihre Affirmation einfach so lange, bis Ihre Aussage ausschließlich positive Formulierungen enthält.**

So kurz wie möglich

Affirmationen sollten relativ kurz sein. Sie bestehen in der Regel aus einem Satz, können aber gelegentlich auch zwei Sätze umfassen. Da Sie Ihre Affirmationen auch tagsüber mehrmals wiederholen sollten,

[7] Nieuwland, M. S./Kuperberg, G. R. (2008) When the truth is not too hard to handle: An event-related potential study on the pragmatics of negation. Psychological Science, 12.2008.

ist es sinnvoll, diese **kurz und prägnant** zu halten. Sind sie zu lang, lassen Sie sich leichter ablenken und können die Konzentration nicht halten. Außerdem ist es für Ihren Verstand viel schwieriger, eine längere Affirmation zu verarbeiten. Zudem bergen lange Affirmationen die Gefahr, dass sich doch noch negative Inhalte in Ihren positiven Glaubenssatz einschleichen. Ein Negativbeispiel: *„Ich bin bereit, jede Herausforderung anzunehmen, und weiß, dass ich bei allem, was ich tue, nicht an meinen Ängsten scheitern werde."*

Um Ihren Gedanken Kraft zu geben, versuchen Sie also, die Affirmation möglichst kurz zu halten, und konzentrieren Sie sich auf das Hauptziel, das Sie erreichen wollen. Nur wenn sich zwei Affirmationen formal und/oder emotional gut ergänzen, können Sie diese auch gleichzeitig verwenden. Von Hand geschrieben, sollte eine Affirmation eine, maximal zwei Zeilen umfassen; wenn Sie Ihre Affirmation am PC schreiben, sollte sie nicht mehr als rund 75 Zeichen enthalten.

In der Gegenwart

Ihre Affirmationen sollten immer in der Gegenwart formuliert sein. Dabei wird jede Ihrer Affirmationen ein Verb enthalten. Denken Sie daran, dass ein Verb ein Wort ist, das eine Handlung oder einen Zustand des Seins ausdrückt. Viele Affirmationen enthalten eine Form des Verbs *„sein"*, wie zum Beispiel *„bin"*, *„ist"* und *„sind"*. Wir verwenden verschiedene Formen desselben Verbs, um verschiedene Zeiten auszudrücken. **Affirmationen sollen immer in der Gegenwartsform gedacht, gesprochen oder geschrieben werden,** um anzuzeigen, dass sie sich im Hier und Jetzt abspielen. Hier sind zwei Beispiele, um Ihnen die Unterschiede zwischen Gegenwart, Vergangenheit und Zukunft aufzuzeigen.

- *Vergangenheit: Mein Körper war gesund, stark und kraftvoll.*
- *Zukunft: Mein Körper wird gesund, stark und kraftvoll sein.*
- *Gegenwart: Mein Körper ist gesund, stark und kraftvoll.*

- *Vergangenheit: Ich war ein guter Vater.*
- *Zukunft: Ich werde ein guter Vater sein.*
- *Gegenwart: Ich bin ein guter Vater.*

Der einzige Unterschied in jeder Version ist die Verbform. Die Gegenwartsform macht deutlich, dass diese Affirmation gerade jetzt geschieht. Affirmationen, die sich auf die Vergangenheit beziehen, sind eine Form der negativen Affirmation. Es sind keine Behauptungen, sondern mitunter verpasste Gelegenheiten. Ihre Aussagen sollten sich jedoch nicht auf vergangene Fehler beziehen oder Erfolge der Vergangenheit rühmen, sondern in der Gegenwart ein positives Gefühl erzeugen.

Auch Affirmationen, die in der Zukunftsform formuliert sind, sind nicht so wirksam wie Affirmationen in der Gegenwartsform. Viele Menschen machen Pläne, um positive Veränderungen in ihrem Leben zu bewirken, aber es gelingt ihnen oft nicht, den gewünschten Zustand zu erreichen. Das liegt mitunter auch daran, dass sie davon ausgehen, diese Änderungen erst in der Zukunft anzugehen, anstatt sie gedanklich in die Gegenwart zu holen. Statt zu denken: „Ich werde einen schönen Tag erleben", denken Sie einfach: „Ich erlebe einen schönen Tag." **Halten Sie Ihre Affirmationen in der Gegenwart, und Sie sind auf dem besten Weg, eine positive Veränderung in Ihrer Realität zu erreichen.**

Mit Gefühlen unterlegt

Wenn wir uns etwas vorstellen oder an etwas denken, dann können wir diese Gedanken zusätzlich mit positiven oder negativen Gefühlen unterlegen und auf diese Art intensivieren. So verstärken wir negative Affirmationen mit Gefühlen wie Hass, Neid, Eifersucht, Schmerz oder Traurigkeit. Positive Affirmationen hingegen verstärken wir mit Gefühlen wie Freude, Liebe, Dankbarkeit oder Glück. Deshalb sind Sie gut beraten, sich die Erfüllung Ihrer positiven Affirmationen mit diesen Gefühlen auszumalen und in Gedanken zu erleben. Je mehr Gefühle Sie in die Suggestion legen können, desto besser.

Affirmationen, die mit einer starken Emotion verknüpft sind, wirken intensiver. Deshalb brennt sich zum Beispiel auch das Ausschimpfen eines Kindes stärker in sein Unterbewusstsein ein und wirkt sich negativer aus, wenn es dabei ein Gefühl der Scham oder Ohnmacht empfindet. Nutzen Sie diesen Effekt positiv, indem Sie sich Ihre Affirmation mit Begeisterung und Freude einpflanzen. Viele Menschen kreieren Affirmationen, die den Fokus mehr auf ihre äußeren Bedingungen legen als darauf, wie sie sich tatsächlich fühlen bzw. fühlen möchten. Das hat zur Folge, dass sich ihre Überzeugungen und Handlungen nicht ändern und ihre aktuellen Verhältnisse dann leider so bleiben, wie sie sind. **Affirmationen, die nicht mit Gefühlen verankert sind, verfehlen nämlich ihre Wirkung.**

Gefühle sind unsere unbewussten Ratgeber und veranlassen uns zu einem bestimmten Verhalten. Alles, was mit entsprechend intensiven positiven Gefühlen unterlegt ist, wirkt stärker. Wenn Sie anders fühlen, werden Sie anfangen, anders zu denken. Und wenn Sie anders denken, werden Sie anders handeln. Und wenn Sie anders handeln, werden Sie auch andere, positivere Erfahrungen machen. Und wenn Sie positive Erfahrungen machen, verändern sich auch Ihre Denkmuster hin zum Positiven.

Alles, was keine Emotion auslöst, ist für unser Gehirn wertlos.

Hans Georg Häusel

Die Gefühle, die sich bei Ihnen beim Denken oder Aufsagen einer Affirmation einstellen sollten, sind Freude und Dankbarkeit. **Freude** stellt sich dann ein, wenn die Affirmation wirklich von Herzen kommt, und **Dankbarkeit** beginnen Sie zu empfinden, wenn Sie innerlich fühlen, dass Sie die Affirmation an das erwünschte Ziel bringt.

Stellen Sie Ihre ausformulierte Affirmation also IMMER auf den emotionalen Prüfstand. Sprechen Sie sie laut aus und spüren Sie in sich hinein, wie es sich anfühlt. Nur wenn Sie dabei Gefühle der Freude oder Dankbarkeit spüren, ist es die passende Affirmation. Eine Möglichkeit, Ihre Affirmation auf ihren „Gefühlsgehalt" zu überprüfen, ist, sie in eine Formulierung zu bringen, wie:

- *Ich freue mich, ...*
- *Ich bin dankbar, ...*

So können Sie die Stimmigkeit der Aussage zwischen Verstand und Emotion überprüfen und sichergehen, dass Ihre Affirmation auch bestmöglich wirkt. Denken Sie daran: Die wahre Kraft einer Affirmation ist, dass sie Sie anders fühlen lässt. Spüren und beurteilen Sie immer, welches Gefühl eine Affirmation in Ihnen hervorruft. Wenn sie kein positives Gefühl in Ihnen auslöst, haben Sie noch nicht die richtige Affirmation gefunden.

Achten Sie auch auf folgende Gefühle:

- **Zweifel:** Wenn Sie Zweifel oder Unglauben verspüren, während Sie eine Affirmation rezitieren, wird sie nicht funktionieren. Diese Gefühle nämlich sind sichere Zeichen dafür, dass die Affirmation mit Ihrer bestehenden Glaubensstruktur kollidiert. Von Natur aus ist Ihr Verstand so programmiert, dass er allem widersteht, was Ihrem Glauben widerspricht.
- **Unbehagen:** Sie können auch ein Gefühl des Unbehagens empfinden, wenn Sie eine Affirmation rezitieren; dies geschieht normalerweise, wenn Sie sich fühlen, als ob Sie „lügen". Auch dies liegt daran, dass Ihre bestehenden Überzeugungen in direktem Widerspruch zur Affirmation stehen und Ihr Unterbewusstsein sie deshalb nicht als wahr akzeptieren kann. Wenn Sie zum Beispiel ungern mit dem Auto fahren, könnte eine Affirmation wie „*Autofahren ist für mich wunderschön*" ein solches Unbehagen

auslösen. Hilfreicher wäre dann eine Formulierung wie *„Autofahren gehört einfach zum Leben dazu"*.

- **Angst:** Wenn Sie sich besorgt fühlen, wenn Sie eine Affirmation aussprechen, könnte es an zwei Dingen liegen: Eine Möglichkeit ist, dass Sie wiederum das Gefühl haben, dass Sie „lügen", und sich dabei nicht wohlfühlen. Die andere Möglichkeit ist, dass das Ziel selbst Sie ängstlich macht. Wenn beispielsweise jemand sagt: *„Ich gehe offen auf meine Mitmenschen zu"*, so könnte das ein Gefühl der Angst hervorrufen, wenn die Person Angst hat, Menschen anzusprechen.
- **Pessimismus:** Pessimismus ist auch ein Zeichen dafür, dass Sie nicht an die Affirmation glauben. Zum Beispiel könnten Sie eine Überzeugung verinnerlicht haben, dass Sie nie etwas erreichen werden. Das Rezitieren einer Behauptung, die im Widerspruch zu diesem Glauben steht, kann dazu führen, dass Sie sich verärgert oder vielleicht sogar wütend fühlen, was sich als Pessimismus äußern kann. In diesem Fall wäre es sinnvoll, mit einer anderen Affirmation zuerst Ihre innere Zuversicht auf- und Ihren Widerstand gegen den Erfolg abzubauen. Wenn Sie sich dann optimistischer in Bezug auf das Erreichen von Erfolgen fühlen, werden Sie feststellen, dass andere Affirmationen leichter zu verinnerlichen sind.
- **Neutralität:** Es ist auch möglich, dass Sie beim Rezitieren einer Affirmation gar nichts spüren. Dies ist in der Regel ein Hinweis dafür, dass die Affirmation zu wenig konkret auf das gerichtet ist, was Sie wirklich wollen.

Spüren und beurteilen Sie immer, welches Gefühl eine Affirmation in Ihnen hervorruft. Wenn sie kein positives Gefühl in Ihnen auslöst, haben Sie noch nicht die richtige Affirmation gefunden.

Effektive Glaubenssätze erstellen

Wenn Sie für sich positive und förderliche Affirmationen finden wollen, stehen Ihnen grundsätzlich zwei Möglichkeiten zur Verfügung: Entweder suchen Sie sich aus dem zweiten Teil des Buches eine Affirmation aus und passen die Formulierung an Ihre persönlichen Gegebenheiten an, oder Sie kreieren von Grund auf Ihre eigene Affirmation.

Eine vorformulierte Affirmation verwenden

Wenn Sie mit den vorformulierten Affirmationen im zweiten Teil des Buches arbeiten wollen, gehen Sie folgendermaßen vor:

1. **Wählen** Sie den **Lebensbereich** aus, für den Sie eine Affirmation suchen.
2. **Lesen** Sie alle Affirmationen aus dem entsprechenden Kapitel durch und **markieren** Sie die drei bis fünf **Aussagen,** die Ihnen beim ersten Durchlesen spontan als geeignet erscheinen.
3. Sprechen Sie dann jede dieser markierten Affirmationen mehrfach laut aus und **spüren Sie in sich hinein**, welche sich am besten für Sie anfühlt. Gehen Sie dabei nach dem Ausschlussprinzip vor: Streichen Sie zuerst die Affirmation, welche die wenigsten Empfindungen bei Ihnen auslöst. Setzen Sie dies fort, bis nur noch eine übrig bleibt.
4. **Überprüfen Sie die** übriggebliebene Affirmation nochmals auf ihre **emotionale Wirkung,** indem Sie die Formulierungen *„Ich freue mich, wenn...“* oder *„Ich bin dankbar, wenn ...“* davorsetzen.
5. Wenn die Affirmation so, wie sie formuliert ist, noch nicht stimmig für Sie ist, **passen Sie sie individuell** für sich an. Lesen Sie dazu auf Seite 32: „Die Formulierung anpassen“.

Eine Affirmation selbst kreieren

Wenn Sie Affirmationen ohne eine Musterformulierung gestalten möchten, empfehlen wir Ihnen folgende Vorganswеise:

A: Identifizieren des Ziels

Zuerst sollten Sie sich darüber im Klaren sein, welches Ziel Sie verfolgen möchten. Vielleicht haben Sie schon ein oder mehrere konkrete Ziele vor Augen, oder vielleicht sind Sie noch auf der Suche nach sinnvollen Zielen. In letzterem Fall können Sie folgendermaßen vorgehen:

Nehmen Sie sich ein Blatt Papier und schreiben Sie auf, wie Ihr Leben in einem Jahr, in drei oder in fünf Jahren aussehen soll. **Seien Sie dabei so spezifisch wie möglich.** Ein Abiturient hat zu dieser Aufgabe geschrieben: *„Ich werde auf der Uni sein und eine Freundin haben.“* Diese Zielsetzung ist jedoch sehr vage und sehr unkonkret. Der zweite Versuch liest sich schon ganz anders:

„Ich bin am Ende meines ersten Jahres an der Humboldt-Uni mit Biologie als Hauptfach. Ich habe alle meine Prüfungen mit Bestnoten bestanden, spiele im Basketballteam der Uni und bin dem Schachklub beigetreten. Ich habe eine Freundin, die nett, klug und lustig ist, und ich fühle mich stark und frei.“

Bemerken Sie den Unterschied? Die erste Zielformulierung ist nur eine Darstellung von Fakten, während die andere eine Beschreibung des zukünftigen Lebens ist. **Seien Sie bei Ihrer Beschreibung so spezifisch wie möglich und konzentrieren Sie sich auf die großen Aspekte wie auch auf die kleinen Bilddetails**. Ihre Beschreibung sollte dabei auch Angaben darüber enthalten, wie Sie sich in einem Jahr fühlen werden. Betrachten Sie sich selbst als eine Figur in einem Roman oder Film und beschreiben Sie das Leben dieser Figur. Träumen Sie ruhig, aber bleiben Sie dabei auch realistisch. Die Chancen, dass Sie ein berühmter Musiker werden, sind ziemlich gering. Die Chancen, dass Sie lernen können, Gitarre zu spielen, eine Band zu gründen und lokale Konzerte zu spielen, stehen gut.

> *Ein Mensch, der sich ernsthaft ein Ziel gesetzt hat,* wird es auch erreichen.
>
> Benjamin Disraeli

Nachdem Sie diese Beschreibungen für sich zu Papier gebracht haben, teilen Sie sie in konkrete Ziele ein und schreiben diese in der Reihenfolge auf, in der Sie sie erreichen wollen. Eine Beispielliste für Ziele, die jemand in einem Jahr erreicht haben möchte, könnte so aussehen:

- zehn Kilo abnehmen
- bessere Beziehung zur Mutter aufbauen
- Gitarre spielen lernen
- Reise nach Kalifornien

Langfristige Ziele wie diese erreicht man jedoch nicht von heute auf morgen.[8] Deshalb gilt es, diese **Ziele in kleinere Aktivitäten umzuwandeln,** die Sie jeden Tag praktizieren können, zum Beispiel:

- *Ich esse mehr Obst und Gemüse.*
- *Ich rufe meine Mutter einmal die Woche an.*
- *Ich nehme in der Musikschule Gitarrenunterricht.*
- *Ich spare Geld für meine Reise.*

Sehen Sie, wie viel erreichbarer Ihre Ziele bereits klingen? **Es geht um kleine Dinge, die Sie jeden Tag tun und umsetzen können.** Und dazu können Sie dann auch konkrete Affirmationen erstellen, die Sie

---

[8] Wie Sie Ziele setzen und erreichen können, erfahren Sie in unserem Buch: *Jeden Tag glücklich! Positive Psychologie für mehr Glück und Lebensfreude.*

auf Ihrem Weg unterstützen. Affirmationen, um diese Ziele zu erreichen, könnten etwa lauten:

- *Ich achte auf meinen Körper, indem ich mich für gesunde Lebensmittel entscheide.*
- *Ich bin eine fürsorgliche Tochter.*
- *Ich bin talentiert, und meine Talente sind es wert, gefördert zu werden.*
- *Ich spare jeden Tag etwas Geld.*

Wenn Sie es zu Ihrer täglichen Routine machen, diese Affirmationen für sich selbst zu wiederholen, werden Sie nicht nur einen ruhigeren, positiveren Denkprozess erlangen, sondern Sie werden sich auch täglich an Ihre Ziele und Absichten erinnern. **Das wiederum hilft Ihnen, die richtigen Entscheidungen zu treffen und Ihre Wünsche und Träume zu verwirklichen.** Langfristige Ziele können nur erreicht werden, wenn Sie Maßnahmen ergreifen, um Ihr aktuelles Verhalten zu verändern. Wenn Sie Ihre Ziele verwirklichen wollen, sollten Sie über die Zukunft nachdenken, um Ihr Bestreben zu identifizieren. Finden Sie im nächsten Schritt konkrete Verhaltensweisen für die Zielerreichung, die Sie dann mit positiven Affirmationen besetzen.

Wichtige Punkte beim Formulieren von Zielen

> *Auch der weiteste Weg beginnt mit dem ersten Schritt.*
>
> Konfuzius

- Bedenken Sie, dass es niemals nur um die „äußere Zielerreichung“ geht, sondern immer um Ihr inneres Ziel, also darum, wie Sie sich fühlen wollen. **Konzentrieren Sie sich auf das Gefühl, das Sie anstreben,** zum Beispiel, sich selbstbewusst, stark, glücklich, frei, inspiriert, geliebt oder stolz zu fühlen. Wenn Sie beispielsweise selbstbewusster werden wollen, sollte sich Ihre Aussage **genau auf dieses Ziel fokussieren** und nicht weitere Ziele wie Geld oder Beziehungen enthalten.

- Idealerweise sollten Sie sich darauf konzentrieren, **nur EIN Ziel pro Affirmation** anzusprechen, anstatt zu versuchen, mehrere verschiedene Ziele in eine Affirmation zu packen.
- Wenn Sie ein bestimmtes Ziel verfolgen, sollten sich Ihre Affirmationen immer auf Ihr Verhalten, Ihr Tun oder Ihr Handeln beziehen. Ereignis-Suggestionen sind meist unwirksam. „*Ich habe einmal einen netten Partner*“ oder „*Ich habe ein Einkommen von 3.000 Euro im Monat*“ sind keine besonders tauglichen Affirmationen. „*Ich finde einen Weg, einen netten Partner kennenzulernen*“ oder „*Ich arbeite erfolgreich daran, mein Einkommen kontinuierlich zu erhöhen*“ sind erfolgversprechender, weil sie **Ihr Handeln zur Zielerreichung beschreiben.** Das Problem bei diesen Ereignis-Suggestionen liegt nämlich darin, dass sich Ihr Unterbewusstsein diesen Behauptungen widersetzen wird. Sie passen nicht in Ihr gegenwärtiges Glaubenssystem, weshalb Sie sie auch nicht verinnerlichen können.
- Außerdem sollten Sie darauf achten, dass Sie auf die Erreichung Ihres Zieles so viel Einfluss wie möglich haben. **Das Ziel muss für Sie machbar sein.** „*Im Urlaub ist schönes Wetter*“ ist keine sinnvolle Aussage, weil Sie das Wetter nicht beeinflussen können. Besser wäre etwa: „*Ich finde einen Urlaubsort, an dem es warm und sonnig ist.*“

Aus Problemen Ziele machen

Neben der Erreichung von Zielen können Affirmationen auch genutzt werden, um Probleme zu bearbeiten. Dazu können Sie in drei Schritten vorgehen.

Schritt eins: Möchten Sie ein bestehendes Problem lösen, müssen Sie zunächst klar benennen, was Sie gerade blockiert, unzufrieden oder unglücklich macht. **Schritt zwei:** Lautet das Problem zum Beispiel „*Ich bin unzufrieden mit meiner finanziellen Situation*", gilt es nun im zweiten Schritt, dieses Problem in ein Ziel umzuwandeln. Am besten fragen Sie sich: „*Was will ich stattdessen?*"

Es kommt also darauf an, den Zustand, den Sie grundlegend ändern wollen, in ein Ziel umzuwandeln, das Sie erreichen möchten. Weg vom Problem – hin zum Ziel!

Im dritten Schritt kreieren Sie aus Ihrem Ziel die positive Affirmation. Zum Beispiel: „*Ich unternehme die richtigen Schritte, um erfolgreich Geld zu verdienen.*"

Ein Problem, das geleugnet wird, kann man nicht lösen.

Heinz Kerp

Achten Sie immer darauf, lösungsorientiert zu formulieren; ansonsten besteht die Gefahr, dass Sie Verneinungen in Ihre Affirmation einbauen. „*Ich habe keine Angst mehr*" ist zum Beispiel weniger wirkungsvoll als die lösungsorientierte Zielformulierung „*Ich fühle mich sicher und geborgen*".

Die Grund-Aussage wählen

Wenn Sie keine vorformulierte Affirmation als Basis für Ihre persönliche Affirmation verwenden möchten, können Sie auch eine Grundaussage wählen, die einfach die neue „Wahrheit" ist, die Sie in Zukunft erleben möchten. Wenn Ihr Ziel beispielsweise Gewichtsabnahme ist, könnte Ihre neue Grundaffirmation lauten: „*Ich liebe und akzeptiere meinen Körper.*" Wenn Sie sich derzeit jedoch nicht so gut in Ihrem Körper fühlen, wird diese Aussage vermutlich ein starkes Gefühl von Widerstand, Unglauben oder vielleicht sogar Wut oder Ekel hervorrufen. Vor allem werden Sie es nicht fühlen, weil es (noch) nicht wahr ist. **Deshalb geht es im nächsten Schritt darum diese Formulierung entsprechend anzupassen.**

Die Formulierung anpassen

Da unser Verstand aufgrund dessen, was er kennt, alles bewertet, müssen wir ihm, wenn wir unsere Glaubenssätze verändern wollen, eine glaubwürdige Alternative anbieten. Das heißt, Sie müssen Ihre neuen positiven Glaubenssätze so formulieren, dass Ihr **Verstand sie akzeptieren** kann. Alle Ratschläge, die unsere Vernunft und unser Verstand annehmen, müssen zusätzlich auch **für unser Unterbewusstsein emotional akzeptabel** sein.

Beginne mit dem Notwendigen, dann dem Möglichen, und plötzlich wirst du das Unmögliche tun.

Franz von Assisi

Eine bestimmte Affirmation mag unter rationalen Gesichtspunkten zweckmäßig und richtig sein, kann aber innere Widerstände hervorrufen, weil die Aussage nicht mit Ihrer emotionalen Grundausrichtung vereinbar ist. Wenn Sie beispielsweise unter Ihrem Gewicht oder Aussehen leiden, empfinden Sie eine Affirmation wie „*Ich liebe meinen Körper*" wahrscheinlich als realitätsfern. Sowohl Ihr Verstand als auch Ihr Gefühl widersetzen sich der Affirmation, und die beabsichtigte Wirkung bleibt aus. Wenn sich Ihre Grundaffirmation nicht gut anfühlt und sogar ein paar unangenehme Gedanken hervorbringt, passen Sie sie einfach an. Verwenden Sie dazu Formulierungen, die Ihre Affirmation „weicher" machen, damit sie sich für Sie besser anfühlt.

Ein erster Schritt kann sein, sich zuerst die Erlaubnis zu geben, den eigenen Körper zu akzeptieren, zum Beispiel mit dem Wort **„okay"**. „*Es ist okay, meinen Körper zu lieben und anzunehmen.*" Oder auch: „*Ich erlaube mir, meinen eigenen Körper zu akzeptieren.*" Diese Selbsterlaubnis ist sehr wichtig und wird mit der Formulierung „*Ich erlaube mir, ...*" ausdrücklich gegeben. Eine weitere Möglichkeit ist das Hinzufügen des Wortes **„beschließen"**: „*Ich beschließe, meinen Körper zu lieben und anzunehmen.*"

Eine weitere Möglichkeit, eine Affirmation abzuschwächen, besteht darin, ihr die grundsätzliche „Bereitschaft" hinzuzufügen: ***„Ich bin bereit,*** *meinen Körper zu lieben und anzunehmen.*" Wenn das immer noch ein bisschen zu unglaubwürdig für Sie ist, könnten Sie „lernen" hinzufügen: ***„Ich bin bereit zu lernen,*** *meinen Körper zu lieben und anzunehmen*" oder ***„Ich lerne,*** *meinen Körper zu lieben und anzunehmen.*"

Der Trick dabei ist, eine Formulierung zu finden, die Ihrer Empfindung möglichst nahekommt und dennoch positiv gewählt ist. Auf diese Art und Weise schalten Sie die Zweifel aus, die eher die alten, negativen Glaubenssätze nähren, und drücken stattdessen Zuversicht aus. Folgende Formulierungen lassen Ihren Verstand die Affirmation positiv bewerten und machen Ihr Unterbewusstsein frei für positive Gefühle:

- „*Ich erlaube mir ...*"
- „*Ich beschließe, ...*"
- „*Ich bin bereit, ...*"
- „*Ich lerne ...*"
- „*Ich darf ...*"
- „*Ich kann ...*"
- „*Ich traue mich ...*"
- „*Es ist gut für mich ...*"
- „*Ich freue mich darauf ...*"
- „*Täglich ... mehr*"
- „*Schritt für Schritt ...*"
- „*Ich bin auf dem besten Wege, ... zu ...*"
- „*Von Tag zu Tag werde ich ...*"

Ob Sie direkte Formulierungen verwenden, oder ob es sinnvoller ist, Ihre Affirmationen, wie eben beschrieben, eher vorsichtig zu formulieren, hängt von Ihnen ab. Wenn Sie sich innerlich unwohl fühlen oder Zweifel an Ihrer Affirmation hegen, formulieren Sie diese besser um, bis Sie sich wirklich gut damit fühlen. In den meisten Fällen handelt es sich dabei um eine vorübergehende Formulierung, **denn nach ein paar Tagen oder Wochen mit der weicheren Version werden Sie in der Lage sein, eine stärkere Affirmation zu verwenden.** Wenn Sie zum Beispiel beginnen mit „*Es ist okay, meinen Körper zu lieben und anzunehmen*", kann das leicht dazu führen, dass Sie als nächstes formulieren: „*Ich entscheide mich, meinen Körper anzunehmen und zu lieben.*" Und zu guter Letzt verwenden Sie dann vielleicht die Formulierung „*Ich liebe und akzeptiere meinen Körper*".

Passen Sie Ihre Affirmation immer an Ihre Gefühle an. Nur so können Sie Ihre Überzeugungen zu dem jeweiligen Ziel oder Problem allmählich verändern. Finden Sie also Abstufungen, kleine Schritte oder Teilziele für Ihre Affirmationen, die sich für Sie stimmig anfühlen und die Sie glauben und spüren können. Speziell auf Sie persönlich zugeschnittene Affirmationen sind deutlich wirksamer als bereits vorformulierte Affirmationen.

Ins Gegenteil verkehren

Wenn Sie Ihre negativen Überzeugungen erkannt haben, können Sie auch Ihre einschränkenden Glaubenssätze ins Gegenteil verkehren. Dazu suchen Sie **zu jedem Eigenschaftswort die passende Kehrseite.** Sie drehen also einfach die negativen und einschränkenden Worte ins Gegenteil um. Dabei ist allerdings wiederum Folgendes zu beachten: Unser Gehirn denkt visuell und kann das Wort „nicht" nicht verbildlichen. Demnach haben Sie auch bei diesem Schritt unbedingt auf dieses Wort zu verzichten. **Suchen Sie also die tatsächlich passenden positiven Schlagworte.** Falsch wäre demnach, wenn Sie „*nicht wertlos*", „*nicht schwach*" oder „*kein* *schlechter Mensch*“ aufschreiben. Stattdessen halten Sie „*wertvoll*“, „*stark*“ und „*guter Mensch*“ fest.

> ***Tipp**: Wenn Ihnen zu einer Eigenschaft die ideale Kehrseite nicht einfällt, dann suchen Sie einfach bei Google nach „Antonym“ oder „Gegenteil“ und wählen für sich das Passende aus.*

Vorgehensweise:

- **Schreiben Sie** Ihren negativen Glaubenssatz auf ein Blatt Papier.
- **Überlegen Sie:** Wie lautet das sprachliche Gegenteil? Welche positiven Umdeutungen gibt es?
- Nehmen Sie dann ein neues Blatt Papier und schreiben Sie den **neutralisierenden oder förderlichen Glaubenssatz** auf.

Beispiele:

- *Das Leben ist hart. → Das Leben macht mir oft Spaß.*
- *Das Leben ist anstrengend. → Mein Leben ist erfüllend.*
- *Ich mache immer alles falsch. → Alles, was ich wirklich will, gelingt mir.*
- *Ich bin ein Versager. → Ich habe bereits viele Erfolge erzielt, zum Beispiel das Diplom, den Surfschein etc.*
- *Ich bin es nicht wert, geliebt zu werden. → Ich bin ein wertvoller Mensch und verdiene es, geliebt zu werden.*
- *Ich bin hässlich. → Meine Augen sind schön und strahlend.*
- *Ich muss mich immer anstrengen. → Ich darf meine Arbeit auch locker und entspannt verrichten.*

Passen Sie auch hier erforderlichenfalls die Affirmation mit abschwächenden Anfangsphrasen an, damit sie für Ihren Verstand sowie für Ihr Emotionsgefüge annehmbar ist.

Reimform und Humor

Eine Möglichkeit ist auch, die neuen positiven Glaubenssätze in Reimform zu kreieren. Hier einige Beispiele:

- *Gelassen und heiter komme ich weiter.*
- *Ich spüre jeden Tag, was Begeisterung vermag.*
- *Ich bin rank und schlank.*
- *Ich bin froh und heiter, dann geht das Leben fröhlich weiter.*
- *Meine Gedanken sind wunderschön, weil sie in meinem Herzen entsteh'n.*[9]
- *Ich bin mir über meine Kraft im Klaren und folge ihr, um sie zu bewahren.*
- *Ich bin davon überzeugt, dass sich mein Leben gemäß meinen Gedanken zeigt.*

Und wenn Sie bei dem Satz „*Ich bin rank und schlank*" wegen des Reimes grinsen mussten, erinnerten Sie sich vielleicht daran, was der rothaarige Kobold aus der Schreinerei von Meister Eder immer sagt: „*Oh, das reimt sich, und was sich reimt, ist gut.*" Das Unterbewusstsein liebt solche Spielereien. Alles, was einen kindlichen und leichten Charakter hat, wird leichter aufgenommen. Zudem sind Reime vertrauensfördernd, weil sie einfacher vom Gehirn verarbeitet werden. Die Bildung einer Affirmation ist eine kreative Leistung, und Kreativität wird auch durch Humor gefördert. **Gehen Sie Ihre Affirmation daher ruhig mit einem inneren Lächeln an.**

---

[9] Lisann, Melina (2017) Blühendes Gedankenleben – 30 Reim-Affirmationen. Epubli Verlag.

Wie schnell Affirmationen wirken

Oft werden Affirmationen euphorisch begonnen und die Beschäftigung mit ihnen bei ausbleibendem Erfolg genauso schnell wieder abgebrochen, weil sie scheinbar nicht wirken. Dabei erkannte bereits Émile Coué, dass die **Wiederholung einen wesentlichen Eckpfeiler für effektive Suggestionen** darstellt. Damit ein negativer Glaubenssatz „gelöscht" und durch einen positiven ersetzt werden kann, ist es erforderlich, den neuen positiven Glaubenssatz sehr oft zu wiederholen. Denn genauso, wie man Muskeln trainiert und erst nach einiger Zeit Erfolge sieht, verhält es sich auch bei Affirmationen. Viele Menschen wiederholen diese Bestätigungen nur einige Male am Tag, aber das ist viel zu wenig, um wesentliche Veränderungen herbeizuführen. **Denken Sie daran, dass eine Affirmation das Denken, das Fühlen und den Glauben an ein bestimmtes Thema verändern soll. Unser Gehirn benötigt - je nach Komplexität der Veränderung - mindestens drei Wochen, um neue Verhaltensweisen zu erlernen und zu verinnerlichen.** Das ist der Zeitraum, den das Unterbewusstsein mindestens benötigt, um neue Glaubenssätze zu verinnerlichen bzw. alte zu überschreiben. Dazu ist es aber erforderlich, wirklich täglich mit Affirmationen zu arbeiten. Der Grund dafür liegt in den vielen neuronalen Verbindungen unseres Gehirns.[10] Je öfter Sie eine neuronale Verbindung denken, desto stärker wird dieser „Nervenstrang".

> *Vielleicht bist du noch nicht da, wo du hinwillst, aber du bist auch nicht mehr dort, wo du warst.*
>
> *Unbekannt*

Stellen Sie sich vor, Sie machen einen Spaziergang durch den Wald. Sie nehmen immer denselben Weg. Dieser Pfad ist bereits gut

[10] Roth, Gerhard (2003) Fühlen, Denken, Handeln: Wie das Gehirn unser Verhalten steuert, Suhrkamp-Taschenbuch Wissenschaft, Band 1678.

ausgetreten. An einem schönen Tag wollen Sie einen neuen Weg gehen. Dieser neue Weg ist aber mühsam, weil lauter Äste, Sträucher und Gestrüpp im Weg sind. Sie müssen sich durchkämpfen. Leichter ist es natürlich, wenn Sie beim nächsten Mal wieder den alten Weg beschreiten. Wenn Sie aber beim neuen Weg bleiben und diesen weiter austreten, wird er nach und nach angenehmer zu gehen sein, und der alte Weg wird überwuchert und verschwindet schließlich. **Wenn Sie also nach drei oder vier Tagen noch keine Veränderung bemerken, bleiben Sie geduldig.** Wie lange es braucht, damit Ihre positive Affirmation wirklich in Ihrem Unterbewusstsein angekommen ist, ist unterschiedlich. Das hängt auch davon ab, wie tief der negative Glaubenssatz in Ihnen verankert ist.

Einschränkende Glaubenssätze erkennen

Vielen Menschen ist nicht bewusst, welche negativen Glaubenssätze sie haben, denn sie halten ihre Gedanken für „normal". Da Sie Ihre Glaubenssätze unbewusst mit sich herumtragen und durch die selbsterfüllende Prophezeiung immer wieder bestätigt sehen, liegt der erste Schritt darin, Ihre persönlichen Glaubenssätze zunächst einmal zu identifizieren. **Die eigenen Glaubenssätze aufzuspüren und zu identifizieren, ist mitunter nicht ganz so einfach.** Oft erkennen wir sie nicht, weil sie so automatisch ablaufen wie die Schaltvorgänge bei einem automatikgetriebenen Auto. Üben Sie sich in daher in Selbstreflexion und beobachten Sie eine Zeit lang genauestens Ihre Gedanken, Worte sowie Ihr Handeln:

- **Achten Sie bewusst auf Ihre Sprache,** mit der Sie sich selbst, andere Menschen und die Welt beschreiben. Sie verrät Ihnen viel darüber, wie Ihre Glaubenssätze-Landschaft aussieht. Gibt es negative, einschränkende oder destruktive Aussagen, die Sie häufig von sich geben?
- Lauschen Sie Ihren **täglichen Selbstgesprächen;** wie wirken diese auf Sie? Denken Sie eher optimistisch, kritisch, mit

Demut, mit Zweifeln oder Schuldgefühlen beladen, denken Sie konstruktiv, gegenwarts- und zukunftsorientiert oder in der Vergangenheit verhaftend? Wenn Sie sich zuhören, werden Sie Ihre ganz persönlichen Blockaden und Beschränkungen heraushören. Es sind jene Sätze, die mitverantwortlich dafür sind, dass Sie sich genau dort im Leben befinden, wo Sie gerade sind.

- Finden Sie Ihre Glaubenssätze, indem Sie **auf Ihre Vorannahmen achten:** Wenn Sie beispielsweise mit etwas Schlechtem rechnen, steckt mit großer Wahrscheinlichkeit auch ein negativer Glaubenssatz dahinter. Erwarten Sie zum Beispiel, eine erfolglose Gehaltsverhandlung zu führen, kann dahinter ein negativer Glaubenssatz in Bezug auf Ihre eigene Leistung, die Wertschätzung des Vorgesetzten oder darüber, ob Sie die Erhöhung verdienen, stehen.

- Wenn Sie einmal frustriert oder unglücklich sind, gibt Ihnen diese Situation Gelegenheit, etwas über Ihre negativen Glaubenssätze herauszufinden: Legen Sie sich aufs Sofa oder ins Bett und bemitleiden Sie sich so richtig selbst. Legen Sie sich dazu unbedingt Schreibzeug zurecht und **schreiben Sie dann ALLE Gedanken auf,** die in Ihnen hochkommen. Viele dieser Gedanken sind negative Affirmationen, die sich in Ihnen verankert haben. Wenn es Ihnen dann wieder besser geht, können Sie jeden negativen Glaubenssatz in einen Positiven umwandeln und mit Ihrer Affirmationsarbeit beginnen. „*Mir gelingt nie etwas*" wird dann vielleicht zu „*Ich schaffe alles, was ich mir vornehme*".

- **Machen Sie sich alle Vor- und Nachteile bewusst:** Auch wenn es nicht immer offensichtlich ist, haben negative Glaubenssätze oft auch Vorteile. Zum Beispiel kann Sie der Gedanke „*Ich kann das nicht*" davon abhalten, bestimmte Projekte anzugehen. Das hat den Vorteil, dass Sie nicht scheitern können, in Ihrer gemütlichen Komfortzone verweilen dürfen und sich nicht anstrengen müssen. Schreiben Sie alle Vor- und Nachteile Ihrer negativen Glaubenssätze auf. Wiegen Sie die Vorteile und Nachteile eines einschränkenden Glaubenssatzes gegeneinander ab und überlegen Sie, ob Ihnen der Glaubenssatz mehr nutzt oder mehr schadet. Entscheiden Sie sich bewusst, ob Sie ihn behalten oder lieber loslassen möchten. **Ein Glaubenssatz ist nie wahr oder falsch. Er ist immer entweder nützlich oder schädlich.** Er formt Ihre Realität, und dabei können Sie bewusst bestimmen, in welcher Realität Sie leben möchten.

- **Beschreibung versus Bewertung:** Unser Verstand stellt uns gelegentlich die eine oder andere Falle. Eine dieser Fallen besteht darin, dass Bewertungen und Beschreibungen rein sprachlich kaum voneinander zu unterscheiden sind. Der Satz „*Das Kleid ist schick*" ist fast identisch mit dem Satz „*Das Kleid ist schwarz*" – und doch besteht zwischen diesen beiden Sätzen ein riesiger Unterschied. „Schick" ist eine Bewertung, und „schwarz" ist eine Beschreibung. Es ist uns kaum möglich, nicht zu bewerten. Wir haben in unseren Köpfen eine Art Bewertungsmaschine, die alles, was wir um uns herum und in uns wahrnehmen, blitzschnell bewertet. Häufig bemerken wir das nicht und verwechseln unsere Bewertungen mit einer Beschreibung. Sagen wir: „*Meine Situation ist unerträglich*", „*Die Menschen sind grauenhaft*" oder „*Meine Zukunft ist düster*", **dann beschreiben wir nicht, sondern bewerten.**

> *Alles beginnt mit einem Gedanken, und einen Gedanken kann man ändern.*
>
> *Louise Hay*

Mit folgender Übung können Sie sich Ihre negativen Glaubenssätze bewusst machen: Schreiben Sie eine Liste mit Aussagen über sich selbst, die alle mit „*Ich bin ...*" beginnen. Dann setzen Sie ein T dahinter, wenn es sich um eine Tatsache handelt, oder ein B, wenn es eine Bewertung ist. Beispiele:

- *„Ich bin 70 Jahre alt."* – T. *„Ich bin ein alter Depp."* – B.
- *„Ich habe die Prüfung nicht bestanden."* – T. *„Ich bin ein Versager."* – B.
- *„Ich bin krank."* – T. *„Es hat keinen Sinn mehr."* – B.

Formulieren Sie dann die Bewertungssätze neu und beginnen Sie so: *„Ich bin ein Mensch, der sich als Versager bewertet"* oder *„... der denkt, dass es keinen Sinn mehr hat"*. Reflektieren Sie diese Aussagen und überlegen Sie, inwieweit sich dahinter negative bzw. destruktive Glaubenssätze verbergen.

Techniken zur Auflösung

Auf den folgenden Seiten lernen Sie einige Möglichkeiten zur Auflösung negativer bzw. einschränkender Glaubenssätze kennen. Da nicht jede Technik für jeden Menschen geeignet ist, versuchen Sie es einfach mit der Methode, von der Sie glauben, dass sie zu Ihnen passt.

Gefühls-ABC

Wie Sie schon erfahren haben, lösen negative Glaubenssätze negative Gedanken über uns selbst aus. **Diese Gedanken erzeugen bestimmte Gefühle, die wiederum zu einer bestimmten Handlung führen.**

Mitte des letzten Jahrhunderts entwickelte Albert Ellis ein einfaches Modell für die Entstehung von Gefühlen und Verhaltensweisen, das bis heute in der Verhaltenstherapie vermittelt wird. Er erkannte, dass nicht allein ein äußerer oder innerer Reiz zu

Gefühlen oder Handlungen führt, sondern dass es einen – meist unbewussten – Zwischenschritt gibt.[11] Seine zentrale Aussage lautet:

Nicht die augenblickliche Situation A bestimmt unsere Gefühls- und Verhaltenskonsequenz C, sondern unser Bewertungssystem B.

Dies erklärt auch, warum Menschen auf ein und dasselbe Ereignis unterschiedlich reagieren können. Sie kennen vielleicht Personen, die einen Autounfall haben, unversehrt aussteigen und so wütend auf sich und den anderen sind, dass sie in ihrer Wut fast noch Schlimmeres anrichten.

Das ABC *der Gefühle* solcher Personen könnte so aussehen: (A) Ereignis: Unfall mit dem Auto, das Blech ist verbeult. (B) Gedanken: *„So ein Idiot! Dem sollte man den Führerschein abnehmen!"* (C 1) Gefühl: Wut. (C 2) Handlung: Sie beschimpfen den Unfallgegner.

Dann gibt es Menschen, die aussteigen und sich freuen, dass sie unversehrt sind. Ihr ABC *der Gefühle* könnte so aussehen: (A) Ereignis: Unfall mit dem Auto, das Blech ist verbeult. (B) Gedanken: *„Bin ich ein Glückspilz, dass mir nichts passiert ist!"* (C 1) Gefühl: Erleichterung. (C 2) Handlung: Sie unterhalten sich ganz normal mit dem Unfallgegner.

Das auslösende Ereignis ist für beide Autofahrer dasselbe, ein Unfall. Worin sie sich jedoch unterscheiden, ist die Art und Weise, wie sie darüber denken und wie sie sich infolgedessen fühlen. Würde ein Ereignis direkt zu einem Gefühl führen, wäre das wie ein Reflex, und man könnte wenig daran ändern. Wenn aber zwischen Ereignis und Gefühl eine Beurteilung stattfindet, gibt es einen wirksamen Ansatzpunkt – **die bewusste oder unbewusste Umbewertung des Ereignisses.**

[11] Ellis, A. (1977) How to live with – and without – anger. Reader's Digest Press.

A →	B →	C
Augenblickliche Situation	*Bewertung von A*	*Gefühls- und Verhaltens-konsequenz aufgrund B*

Wie Sie sich fühlen, hängt also nicht von der Situation oder Ihren Mitmenschen ab, sondern davon, was Sie über die Situation, über sich oder die Mitmenschen denken. In der Sprache des ABCs *der Gefühle* heißt das: Nicht A (das Ereignis) ist die Ursache von C (unserem Fühlen und Handeln), sondern B (unsere Bewertung und Beurteilung des Ereignisses). In den individuellen Bewertungen spiegeln sich unsere persönlichen Glaubenssätze wider. Bedenken Sie, dass diese Bewertungen immer subjektiv sind und von der Persönlichkeit sowie den Vorerfahrungen abhängen. Um sich von den eigenen negativen Bewertungen zu lösen und sich alternative Bewertungen vorstellen zu können, helfen Fragen wie „*Was könnte ‚A' noch bedeuten? Würde ich mit anderen Annahmen oder einer anderen Bewertung zu einem anderen Ergebnis kommen?*" [12]

> *Es sind nicht die Dinge, die uns beunruhigen, sondern die Meinungen, die wir von den Dingen haben.*
>
> *Epiktet*

Prüfen Sie Ihre Annahmen und Schlussfolgerungen und halten Sie bewusst Ausschau nach Informationen, die Ihrer bisherigen Interpretation widersprechen. Die beiden Zeichnungen auf den folgenden Seiten sollen Ihnen zwei unterschiedliche Konsequenzen auf Gefühls- und Verhaltensebene infolge unterschiedlicher

[12] Memedovic, S./Grisham, J. R./Denson, T. F./Moulds, M. L. (2010) The effects of trait reappraisal and suppression on anger and blood pressure in response to provocation. Journal of Research in Personality, 44, 540–543.

Bewertungen von ein und derselben Situation verdeutlichen:[13] Diese unterschiedlichen Bewertungen kommen im ersten Beispiel durch einen destruktiven Glaubenssatz wie „*Ich bin nicht liebenswert – ich bin eine Lachnummer*" und im zweiten Beispiel durch einen konstruktiven Glaubenssatz wie „*Ich bin ein toller Mann – ich verdiene eine kluge, liebevolle und attraktive Partnerin*" zustande.

Der Häuptling und die Wölfe

Es waren einmal ein alter Indianerhäuptling und sein Enkel. Sie saßen eines Abends am Lagerfeuer, und der Großvater erzählte dem Enkel folgende Geschichte: „In mir toben und kämpfen immer wieder zwei Wölfe gegeneinander. Der eine heißt Neid, Missgunst, Gier, Wut, Ärger, Schuld, Selbstmitleid, Lüge, Minderwertigkeit und Überheblichkeit. Der andere heißt Freude, Frieden, Mitgefühl, Hoffnung, Glück, Wahrheit, Großzügigkeit und Vertrauen." Der Enkel überlegte eine Weile, dann fragte er den Großvater: „Welcher der beiden Wölfe gewinnt den Kampf?" Der alte Häuptling erwiderte: „Der, den ich füttere."

---

[13] In Anlehnung an: Stavemann, H. (1999) Emotionale Turbulenzen: Kognitive Verhaltenstherapie von Angst, Aggression, Depression und Verzweiflung. Beltz Verlag.

A: Auslösendes Ereignis

Der Wikinger Sven trifft die schöne Wilma.

B: Bewertung

Sven bewertet diese Situation.

C 1: Konsequenz

(Gefühl) Sven geniert sich.

C 2: Konsequenz

(Verhalten) Er gibt seinen Plan auf und geht jagen.

A: Auslösendes Ereignis

Der Wikinger Sven trifft die schöne Wilma.

B: Bewertung

Sven bewertet diese Situation anders.

C 1: Konsequenz

(Gefühl) Sven ist verliebt.

C 2: Konsequenz

(Verhalten) Er schenkt ihr Blumen.

Da Sie nun das ABC *der Gefühle* kennen, können Sie dieses Wissen nutzen, um der Ärger- und Wutfalle zu entkommen. Prüfen Sie Ihre Annahmen und Schlussfolgerungen und halten Sie bewusst Ausschau nach Informationen, die Ihrer bisherigen Interpretation widersprechen. Fragen Sie sich, welche Glaubenssätze gerade zum Tragen kommen und woher sie kommen. Was könnte „A" noch bedeuten? Würden Sie mit anderen Annahmen oder einer anderen Beurteilung zu einem anderen Ergebnis kommen? Unterbrechen Sie den Kreis oder erschaffen Sie einen hilfreichen ABC-Kreis.

Hinterfragen

Wahrnehmen ohne Hinterfragen ist Hinnehmen.

Kathrin Bärbock

Weil einschränkende Glaubenssätze in der Regel sehr stark verankert sind, ist es sinnvoll, Ihren negativen Glaubenssatz zu hinterfragen. Sobald Sie bei sich negative Glaubenssätze gefunden haben, können Sie jeden einzelnen mit diesen Fragen analysieren:

- *Woher kommt diese Überzeugung? Wer sagt das?*
- *Wie lange glaube ich das vermutlich bereits?*
- *Denken wichtige Bezugspersonen in meinem Leben ähnlich?*
- *Woran genau hindert mich dieser Glaubenssatz?*

Fragen, die Sie dazu motivieren können, über eine Alternative nachzudenken und destruktive Glaubenssätze aufzulösen, sind:

- *Was wird es mich und mein Umfeld langfristig emotional, sozial, finanziell und spirituell kosten, wenn ich mit diesem destruktiven Glaubenssatz noch Jahre weiterlebe?*
- *Welche Vorteile hätte es, wenn ich diesen Glaubenssatz losließe?*

- *Welche Person wäre ich ohne diesen Glaubenssatz, und wie sähe mein Leben mit der neu gewonnenen Lebensqualität aus?*
- *Wie fühlt es sich an, wenn ich mich von diesem Glaubenssatz befreie?*

Afformationen

Mit Fragen arbeitet auch die von Noah St. John entwickelte Methode der Afformationen (mit „o“).[14] **Im Gegensatz zu Affirmationen werden Afformationen in Frageform gestellt. Die Grundannahme ist, dass das menschliche Gehirn nach einem einfachen Prinzip funktioniert: Fragen zu stellen und sie zu beantworten.** Wenn wir uns eine Frage stellen, geht unser Gehirn automatisch auf die Suche nach Antworten. Dies ist ein Vorgang, der meist völlig unwillkürlich abläuft. Dabei gilt, dass dieser Prozess sowohl in eine negative als auch in eine positive Richtung funktioniert. Die Frage, die man stellt, beeinflusst die Antwort. Die negative Variante kennen Sie vielleicht vom sogenannten Problem-Grübeln. Es sind Fragen wie „*Warum geht es mir so schlecht?*“, „*Warum passiert das immer mir?*“ oder „*Warum bin ich so dumm?*“. Die positive Variante sind die sogenannten Afformationen. Sie bieten einen Weg zur positiven Selbstprogrammierung.

> *Manchmal sind die Fragen kompliziert und die Antworten einfach.*
>
> *Theodor Seuss Geisel*

Dazu nehmen Sie Ihre persönliche positive Affirmation und wandeln sie einfach in eine positiv formulierte Frage in „Warum-Form“ um. So wird zum Beispiel aus der Affirmation „*Ich schaffe das*“ die Afformation „*Warum schaffe ich das?*“. Mit dieser Warum-Frage fordern Sie Ihren Verstand zu einer positiven und

[14] St. John, Noah (2008) The Great Little Book of Afformations. Metapublishing.

lösungsorientierten Antwort auf. Folgende zwei Punkte sollten Sie beachten, um eine zielgerichtete Afformationsfrage zu formulieren:

- Die Frage sollte gezielt in die Richtung gestellt werden, in die Sie denken wollen.
- Die Frage sollte mit „Warum", „Weshalb", „Wieso" oder „Was" beginnen.

Hier einige Beispiele für in Afformationen umgewandelte Affirmationen:

- *Ich bin jederzeit gelassen und entspannt. – Warum kann ich jederzeit gelassen und entspannt sein?*
- *Ich genieße es, Nichtraucher zu sein, und darauf bin ich stolz. – Was genau macht mich zum Nichtraucher, und warum bin ich stolz darauf?*
- *Ich bin in jedem Moment Schöpfer und Gestalter meines Lebens. – Was genau macht mich zum Schöpfer und Gestalter meines Lebens?*

Aus jeder Affirmation kann leicht eine entsprechende Afformation abgeleitet werden. Versuchen Sie einmal, Ihre persönlichen positiven Affirmationen in die dazugehörigen Afformationen umzuformulieren. Achten Sie dann darauf, was für Antworten entstehen. Dadurch erscheinen mitunter wertvolle Handlungsimpulse und Ideen, Ihr Denken ändert sich, und Ihr Handeln wird zielorientierter.

Gegenbeweise

> *Behauptung ist nicht Beweis.*
>
> *William Shakespeare*

Nicht selten erscheinen Ihnen Ihre negativen Glaubenssätze wie Tatsachen. Um sie aufzulösen, kann die Erinnerung daran hilfreich sein, dass sie ebendas nicht sind. **Es gibt nämlich einen Unterschied zwischen Tatsachen und Überzeugungen.**

Fassen Sie an eine heiße Herdplatte, dann verbrennen Sie sich die Finger. Das ist eine Tatsache. „*Wenn ich koche, brennt mir jedes Mal etwas an.*“ Das ist ein Glaubenssatz. Wenn Sie ohne Schirm durch den Regen laufen, werden Sie nass. Das ist eine Tatsache. „*Immer, wenn ich keinen Schirm dabei habe, regnet es.*“ Das ist ein Glaubenssatz. Suchen Sie nach Beweisen, dass Ihre Überzeugungen keine allgemeingültigen Tatsachen sind, und kreieren Sie sogenannte Referenzerfahrungen. Erleben Sie selbst, dass Ihr Glaubenssatz nur eine Überzeugung und nicht die Wahrheit ist. Stellen Sie sich dazu folgende Fragen:

- *Kann ich mit absoluter Sicherheit wissen, dass das wahr ist?*
- *Welche Beweise gibt es für die Falschheit dieser Bewertung?*

Suchen Sie bewusst nach Beweisen, die Ihre alten Glaubenssätze widerlegen. Wenn Sie zum Beispiel seit Jahren die Überzeugung „*Im Leben bekommt man nichts geschenkt*“ verinnerlicht und Ihren Fokus darauf gerichtet haben, dass man eben nichts umsonst bekommt, dann wird es jetzt Zeit, diese Überzeugung zu widerlegen. Erinnern Sie sich, wann Sie etwas geschenkt bekommen haben. Sie können dazu auch die „Aber-Technik“ verwenden. Schreiben Sie einfach hinter jeden Ihrer einschränkenden Glaubenssätze ein „aber“ und vollenden Sie den Satz. Ein paar Beispiele:

- *Immer wenn es regnet, habe ich keinen Schirm dabei, **aber** letzten Sonntag, als es am Nachmittag zu regnen begann, bin ich mit einem Schirm aus dem Haus gegangen.*
- *Mir gelingt nichts, **aber** ich habe schon einige Hürden in meinem Leben gemeistert, und mir gelingt immer mehr.*

- *Man kann niemandem trauen,* ***aber*** *ich bin schon einigen Menschen begegnet, denen Vertrauen und Ehrlichkeit wichtig sind.*

> *Du bist nicht, was du denkst, du bist; du bist, was du denkst.*
>
> *Norman Vincent Peale*

Stimmentechnik

Diese Methode zielt darauf ab, nicht gegen negative Glaubenssätze anzukämpfen, sondern sie als das zu erkennen, was sie sind: Gedanken und Worte. Diese Technik eignet sich zum Beispiel bei wiederkehrenden negativen Selbsturteilen. Wenn Sie einen solchen negativen Glaubenssatz haben, gehen Sie folgendermaßen vor: Konzentrieren Sie sich auf diesen Glaubenssatz und spüren Sie seine destruktive Macht.

Wählen Sie jetzt die Stimme einer animierten Cartoon-Figur. Da wir nicht unsere Gedanken sind, können wir die Stimme in unserem Kopf, die uns permanent mit Selbstkritik unterhält, auch durch eine Comic- Figur austauschen. Beachten Sie, was passiert, wenn die destruktiven Glaubenssätze auf einmal von Donald Duck oder von Gollum aus „Der Herr der Ringe“ laut ausgesprochen werden. Sie verlieren ihre destruktive Kraft, und **Sie nehmen Ihre negativen Gedanken nicht mehr ganz so ernst.**

Stoppschild-Technik

Manchmal drehen sich unsere Gedanken immer wieder wie ein Karussell um dieselben negativen Glaubenssätze. Wir kommen einfach nicht von ihnen los, und sie lassen uns nicht los. In solchen Situationen können Sie zur Methode des Gedankenstopps greifen, einer Methode aus der kognitiven Verhaltenstherapie. **Mit der Gedankenstopp-Methode werden aufkommende negative**

Denkmuster mit einem gedanklichen Stopp unterbrochen und durch einen positiven Gedanken in Form einer Affirmation ersetzt.

Gerade Wege haben die meisten Stoppschilder.

Erhard Horst Bellermann

Beim Gedankenstopp kommt es darauf an, einen negativen Glaubenssatz bzw. Gedanken abzubrechen, bevor er negative Emotionen auslöst. Wenn Ihnen ein negativer Glaubenssatz in den Sinn kommt, dann rufen Sie in Gedanken oder sagen Sie laut „Stopp!", am besten gleich mehrmals hintereinander. Denken Sie dabei an ein rotes Stoppschild im Straßenverkehr. Konzentrieren Sie sich so stark wie möglich auf dieses innere Bild. Sie können dies zusätzlich unterstützen, indem Sie zum Beispiel ein Gummiband um das Handgelenk legen, daran ziehen und es dann loslassen. Dies verstärkt die ablenkende Wirkung des Stopps noch mehr. Sie können auch in die Hände klatschen oder mit einem Bein auf den Boden stampfen. **Kreieren Sie Ihr eigenes spezielles Gedankenstopp-Zeichen.** Durch den Stopp-Ruf unterbrechen Sie Ihre Gedanken fürs Erste. **Setzen Sie anschließend sofort eine positive Affirmation:** Hier ein Beispiel für das Vorgehen in einer solchen Situation: *„Ich schaffe das nicht."* Gedankenstopp setzen / Verkehrsschild vorstellen / positive Affirmation rezitieren: *„Bei allem, was ich tue, gebe ich mein Bestes."* Je öfter Sie diese Technik anwenden, umso besser können Sie damit lästige Gedanken und destruktive Glaubenssätze unterbrechen.

Reframing

Wir können nicht alles im Leben beeinflussen. Vieles geschieht einfach, und wir werden vor vollendete Tatsachen gestellt. Was wir jedoch beeinflussen können, ist unsere Reaktion auf eine dieser Tatsachen. Diese Erkenntnis ist ein wesentliches Element einer aktiven Lebensgestaltung: *„Ich erkenne die Grenzen meines Einflusses an; ich mache mir aber auch meine Möglichkeiten bewusst. Und damit* *gewinne ich Gestaltungsraum und Wahlmöglichkeiten für mein Leben.*"

Das Reframing ist eine Methode aus dem neurolinguistischen Programmieren (NLP).[15] Übersetzen lässt sich „Reframing" wörtlich mit **„einen neuen Rahmen geben"** oder etwas freier mit **„umdeuten"**. Es geht darum, die einschränkenden Glaubenssätze in einem anderen Zusammenhang zu sehen als in dem, den wir ihnen spontan geben. Dafür gibt es zwei grundlegende Reframing-Arten, das Kontext-Reframing und das Bedeutungs-Reframing.

Beim **Kontext-Reframing** nehmen Sie Ihren limitierenden Glaubenssatz und setzen ihn in ein anderes Umfeld oder einen Zusammenhang, in dem er die angemessene Antwort oder Reaktion wäre. Angenommen, Ihr Glaubenssatz lautet: „*Ich kann nicht vor Gruppen sprechen.*" Eine sehr bekannte und beliebte Lösung wäre, wenn Sie die Gruppe einfach in einen anderen Kontext setzen und sie sich nackt vorstellen, zum Beispiel in der Sauna oder am Strand. Dieser einfache Trick wird Ihnen sofort helfen, sich entspannter zu fühlen.

Beim **Bedeutungs-Reframing** ändern sich weder der Kontext noch die Situation, sondern allein Ihre Gedanken darüber. Ein Beispiel: Sie können sich über die Pfotenabdrücke Ihres Hundes auf dem Teppich ärgern, oder Sie nehmen sie als Zeichen dafür, dass Ihr geliebter vierbeiniger Freund viel Spaß draußen hatte.

Realität ist die Interpretation unserer Wahrnehmung.

Jens Kaden

Reframing hilft Ihnen, die Dinge aus einem anderen Blickwinkel zu sehen. Vieles wird sich dann leichter anfühlen. Der Fußballtrainer Otto Rehagel antwortete einmal auf die Frage, ob es ihm nicht auf die

[15] Bandler, Richard/Grinder, John (2010) Reframing: Neurolinguistisches Programmieren und die Transformation von Bedeutung, Junfermann Verlag.

Nerven ginge, so divenhafte, komplizierte Spieler zu haben: „*Spieler, die mir keine Probleme machen, kann ich nicht gebrauchen, die machen dem Gegner ja auch keine!*“ Ein perfektes Reframing!

So tun, als ob

Folgende Vorgangsweise kann Ihnen helfen, negative Glaubenssätze zu verändern:

1. Den negativen Glaubenssatz spüren

Schreiben Sie den Glaubenssatz, den Sie loswerden möchten, auf ein Blatt Papier. Setzen Sie sich hin, schließen Sie Ihre Augen und versetzen Sie sich so gut wie möglich in die Situation hinein. Es geht darum, die unangenehmen Gefühle, die Sie mit dem Glaubenssatz verbinden, zu spüren. Beantworten Sie sich dazu folgende Fragen:

- *Was hat mich dieser Glaubenssatz in meinem Leben bisher gekostet?*
- *Was fehlt mir heute alles, weil ich diesen Glaubenssatz habe?*
- *Wird sich mein Leben verändern, wenn ich weiterhin an diesem Glaubenssatz festhalte?*

Stellen Sie sich vor, Sie sehen sich in einem Jahr. Sie haben diesen Glaubenssatz behalten und schauen sich im Spiegel an ... Sind Sie eher glücklicher oder unglücklicher? Wie fühlt sich das an?

2. Eine Zukunftsvision kreieren

Im zweiten Schritt empfiehlt es sich, sich gedanklich in die Zukunft zu versetzen und sich zu überlegen: ***„Wie wird das Leben sein, wenn ich diesen negativen Glaubenssatz überwunden habe?“*** Diese Zukunftsvision sollten Sie so detailliert wie möglich ausgestalten. Folgende Fragen helfen Ihnen dabei:

- *Wie bzw. was werde ich denken?*

- *Welche positiven Glaubenssätze werde ich haben?*
- *Was werde ich nicht mehr tun?*
- *Mit welchen Menschen werde ich zu tun haben und mit welchen nicht mehr?*
- *Wie wird mein Tagesablauf aussehen?*

Versuchen Sie, sich Ihre Zukunftsvision vor Ihrem inneren Auge auszumalen, und stellen Sie sich dazu auch scheinbare Nebensächlichkeiten vor – etwa das Auto, das Sie fahren, oder die Kleidung, die Sie tragen.

> *Macht etwas dir keine Freude, und du musst es tun, dann tu doch so, als ob es dir Freude macht!*
>
> *Gudrun Zydek*

3. So tun, als ob

Fangen Sie nun sofort an, einige Punkte Ihrer Zukunftsvision umzusetzen. Kleine, konkrete Änderungen geben Ihnen einen Vorgeschmack auf das Lebensgefühl, das ohne die negativen Glaubenssätze möglich wäre. Wenn Sie von einem Sportwagen träumen, können Sie sich für ein Wochenende einen mieten, wenn Sie Ihren Tagesablauf radikal ändern wollen, können Sie das im Urlaub eine Woche lang ausprobieren. Verpassen Sie sich eine „positive Gehirnwäsche“. Indem Sie mit Haut und Haar in die neue Rolle schlüpfen, fangen Sie an, festgefahrene Überzeugungen zu überwinden, und können Ihre Ziele schneller und leichter erreichen.

Wann und wie rezitieren

Da unser Unterbewusstsein kurz nach dem Aufwachen und vor dem Einschlafen am aufnahmefähigsten ist, sind das die besten Zeiten für das Rezitieren Ihrer Affirmationen. Als positive Nebeneffekte erzielen

Sie dadurch einen motivierenden Tagesstart und dass Ihr Unterbewusstsein im Schlaf in Ihrem Sinne weiterarbeitet.

Morgen-Affirmationen

Die meisten Menschen haben bestimmte Morgenrituale. Sie versehen vermutlich Ihr Morgenprogramm von der Zubereitung des Kaffees über das Frühstück bis zum Zähneputzen, ohne darüber nachzudenken. Das Einbinden von Affirmationen in Ihre Morgenroutine kann sicherstellen, dass das Rezitieren Ihrer Affirmationen zur täglichen Gewohnheit wird. Wenn Sie Ihren Tag mit einer Bestätigung beginnen, wie „*Ich akzeptiere und schätze mich selbst*", ist es wahrscheinlicher, dass Sie diese Haltung den ganzen Tag lang bewahren. **Zudem helfen Ihnen Affirmationen am Morgen dabei, sich auf Ihre Ziele und Absichten zu konzentrieren.**

Abend-Affirmationen

Abendliche Affirmationen haben den Vorteil, dass Sie sich beruhigen und besser einschlafen können. Wenn Sie jemand sind, der zu Schlafstörungen neigt, dann sind Sie vielleicht vertraut mit dem endlosen Strom von meist negativen Selbstgesprächen, die den Geist überwältigen. Insbesondere in Verbindung mit dem **autogenen Training** können Ihnen Affirmationen helfen, den Tag gut abzuschließen und sich zu beruhigen. Und dieses Gefühl der Ruhe kann Ihnen helfen, leichter in den Schlaf zu gleiten.

Abendliche Affirmationen können zu jedem beliebigen Zeitpunkt gegen Ende des Tages angewandt werden. Wichtig ist auch hier, dass Sie das Rezitieren zu einer täglichen Gewohnheit machen. Wenn es zum Beispiel bestimmte Fernsehsendungen gibt, die Sie vielleicht jeden Abend ansehen, können Sie ein paar Minuten vor oder nach der Sendung für das Rezitieren verwenden. Sie können sogar versuchen, den Fernseher in den Werbepausen stumm zu schalten und während dieser Zeit Ihre Affirmationen rezitieren.

Es gibt viele Möglichkeiten, Affirmationen auch während des Tages in Ihr Leben zu integrieren, also **suchen Sie die Zeiten und die Orte, die Ihnen am besten passen.**

> *Wir müssen uns entscheiden: Soll unser Dasein geprägt sein vom Zuschauen oder vom Teilnehmen.*
>
> *Ernst Ferstl*

Neben den verschiedenen Tageszeiten, zu denen Sie Ihre Affirmationen rezitieren können, gibt es auch unterschiedliche Arten, sie anzuwenden. Sie können sie denken, laut aussprechen, sehen, lesen, hören oder aufschreiben.

Denken:

Die einfachste Variante ist, Ihre Affirmation im Geiste zu denken. Das Ziel ist, die Affirmation zu verinnerlichen und zum automatischen Teil Ihres Denkens zu machen. **Wiederholen Sie Ihre Affirmation gedanklich deshalb so oft wie möglich.** Sprechen Sie sie im Geiste ein Dutzend Mal oder noch häufiger, wenn Sie morgens aufwachen und bevor Sie nachts schlafen gehen, und wirklich viele Male den ganzen Tag über. Machen Sie das innere Sprechen Ihrer Affirmation zu einem festen Bestandteil Ihrer mentalen Prozesse.

Sprechen:

Das gesprochene Wort besitzt sehr mächtige Eigenschaften. Worte sind mehr als eine Aneinanderreihung von Buchstaben. Sie lösen in uns Bilder, Vorstellungen und Erinnerungen aus, und wir verknüpfen mit bestimmten Worten bestimmte Gefühle. **Die Worte, die wir oft verwenden, erzeugen Spuren in unserem Unterbewusstsein.** Je öfter wir sie sagen, desto tiefer werden die Spuren. Sagen wir etwas oft genug, beginnt es, sich im Unterbewusstsein zu verankern. Sagen Sie Ihre Affirmationen deshalb mehrmals täglich halblaut oder laut vor sich hin. Der Vorteil dabei ist, dass Sie sich die Affirmation nicht nur denken, sondern sie auch hören. So nutzen Sie mehrere Sinneskanäle. Affirmationen laut zu sprechen, ist also sehr wirkungsvoll. **Sie können Ihre Affirmation auch singen:** Machen Sie ein Lied daraus und singen Sie es, während Sie mit dem Auto fahren, putzen, mit dem Hund spazieren gehen, einkaufen, unter der Dusche stehen oder irgendetwas anderes machen. Haben Sie Spaß dabei, denn das steigert die Effektivität.

Sehen/Lesen:

Neuroinformatiker haben berechnet, dass unsere fünf Sinne pro Sekunde rund elf Millionen Bit aufnehmen und diese an unser Gehirn weiterleiten. **Davon liefern unsere beiden Augen fast zehn Millionen Bit.**[16] Der Mensch ist also ein visuelles Wesen und nimmt Informationen überwiegend über die Augen auf. Machen Sie daher Ihre Affirmation auch visuell für sich sichtbar. Dazu können Sie sich an Orten, an denen Sie entweder länger während Ihres Tages sind oder die Sie wiederholt aufsuchen, Ihre Affirmationen zum Beispiel mit einer Haftnotiz buchstäblich „vor Augen führen“. Diesen Zettel können Sie beispielsweise anbringen:

- am **Badspiegel,**
- am Schreibtisch (zum Beispiel am unteren **Rand Ihres Monitors**),
- an der **Kaffeemaschine,**
- auf dem **Notizbuch/Terminkalender,**
- auf den **Rücken** von Ordnern, die Sie mindestens einmal am Tag benötigen,
- auf **Wandbildern.** Inzwischen kann man für relativ wenig Geld eigene Fotos auf Leinwände drucken lassen. Vielleicht haben Sie ein schönes, motivierendes Foto, das Ihre

[16] Norretanders, T. (2001) Spüre die Welt. Rowohlt Verlag.

Affirmation in einem Bild widerspiegelt. Oder Sie schreiben Ihre Affirmation auf, fotografieren das Geschriebene und geben das Foto in Druck.

Neben den klassischen Haftnotizen können Sie auch Ihre elektronischen Geräte und Gadgets mit Ihren Affirmationen versehen, zum Beispiel

- als **Desktophintergrund**
- als **Hintergrundbild am Smartphone**
- als **Bildschirmschoner**

Eine weitere Möglichkeit ist, **ein Passwort zu kreieren,** das Sie an Ihre Affirmation erinnert. Lautet Ihre Affirmation beispielsweise „*Ich werde jeden Tag noch konzentrierter und schaffe mein Pensum noch leichter*“, könnten Sie zum Beispiel „KonzentriertUndEinfach24/7“ als Kennwort kreieren. Um das Kennwort noch sicherer zu machen, könnten Sie das o durch eine 0 und ein i durch eine 1 ersetzen. Wichtig ist hier nur, dass Sie sich beim Eingeben des Kennworts an Ihre Affirmation erinnern.

Hören:

Die meisten von uns haben ein Diktiergerät in Form ihres Smartphones immer bei sich. So lassen sich Affirmationen wunderbar aufsprechen und abhören. Wenn Sie diese dann noch mit einer schönen Entspannungsmusik untermalen, haben Sie schnell etwas für eine fünfminütige Autosuggestion zusammengestellt. Der Vorteil dieser Methode ist, dass Sie neben dem Üben andere Dinge tun können. Lassen Sie sich einfach von Ihrer Stimme berieseln. **Ein Mitsprechen oder ein leises Mitdenken ist jedoch zu empfehlen. Ihr Unterbewusstsein nimmt die Botschaften dann besser auf.**

Schreiben:

Ist Ihnen schon mal aufgefallen, dass Sie sich eher an etwas erinnern, wenn Sie es aufschreiben? Das Gleiche gilt für die Affirmationen. Nehmen Sie sich die Zeit, Ihre Affirmationen jeden Tag mit der Hand zu schreiben. Ihre Affirmationen aufzuschreiben, hat eine verstärkende Wirkung, weil Sie mehr Zeit damit verbringen, sich zu konzentrieren, anstatt sie nur laut zu sprechen oder sie geistig zu rezitieren. **Zudem aktiviert die schreibende Bewegung Ihr Gehirn.**[17] Beim Schreiben können Sie die Worte natürlich zusätzlich aufsagen. Lesen Sie Ihre Formeln durch oder lesen Sie sie sich selbst vor und denken Sie über die Worte nach – lassen Sie sie tief in sich wirken. Wenn Sie zum Beispiel irgendwo auf einen Kaffee warten, zücken Sie Ihren Notizblock und schreiben Ihre Affirmation ein paar Mal auf. Das ist gut investierte Zeit!

Auch das Malen oder Zeichnen Ihrer Affirmationen ist ein großartiger Weg, um ihnen mehr Wirkung zu verleihen, weil Sie so den Botschaften helfen, über die kreative Seite Ihres Gehirns in Ihr Unterbewusstsein einzusickern. Dabei spielt es keine Rolle, ob Sie ein professioneller Künstler sind oder nicht. **Das Wichtigste ist, Spaß an der Gestaltung zu haben** und viel Leidenschaft und Enthusiasmus in den kreativen Prozess einzubringen.

Die Erkenntnis, dass das Unterbewusstsein durch Gedanken gelenkt werden kann, ist vermutlich die größte Entdeckung aller Zeiten.

William James

[17] Spitzer, Manfred (2012) Digitale Demenz: Wie wir uns und unsere Kinder um den Verstand bringen. Droemer Verlag.

Techniken zur Verstärkung

Visualisierung

Laut Coué ist eine Suggestion am effektivsten, wenn Sie ähnlich einem Mantra halblaut vor sich hingemurmelt wird. **Heute weiß man jedoch, dass eine Suggestion ungleich stärker wirkt, wenn man in jede Wiederholung Bedeutung und Emotion legt und sie mit mentalen Bildern (Visualisierungen) verbindet.**

Bei folgendem Experiment können Sie am eigenen Leib spüren, welchen Einfluss die Bilder vor Ihrem geistigen Auge auf Ihren Körper haben:

Stellen Sie sich vor, Sie hätten vor sich eine wunderschöne gelbe und saftige Zitrone liegen. Stellen Sie sich weiter vor, Sie nehmen diese in die Hand und riechen daran. Sie können durch die Schale hindurch das Säuerliche der Zitrone wahrnehmen. Nun nehmen Sie ein Messer und schneiden die Zitrone in zwei Hälften. Der Zitronensaft quillt heraus, und Sie nehmen die eine Hälfte in Ihre Hand und riechen wieder daran. Nun können Sie schon sehr viel deutlicher die Säure riechen. Nun stellen Sie sich vor, Sie beißen herzhaft in die Zitrone.

Jedes starke Bild wird Wirklichkeit.

Antoine de Saint-Exupéry

Haben Sie sich das bildhaft vorgestellt? Dann haben Sie mit hoher Wahrscheinlichkeit zweierlei bei sich festgestellt: Erstens: Ihr Mund hat vermehrt Speichel produziert, und zweitens: Sie haben Ihr Gesicht verzogen. Dieser kleine Selbstversuch zeigt Ihnen, dass Ihre **Vorstellungen keine harmlosen Gedanken sind, sondern Kräfte, die Ihren Körper beeinflussen.** Ihr Körper hat so reagiert, als geschähe tatsächlich, was Sie sich vorgestellt haben. Durch Ihre Vorstellungen und Gedanken können Sie also Ihren Körper und Ihre Psyche zum Schlechten, aber auch zum Guten beeinflussen.

Im Jahr 1996 entdeckten Giacomo Ruizzolatti und sein Team zufällig die Spiegelneuronen.[18] **Spiegelneuronen** sind Nervenzellen, die im Gehirn während der Betrachtung eines Vorgangs die gleichen Potenziale auslösen, die entstünden, wenn dieser Vorgang nicht bloß passiv betrachtet, sondern aktiv gestaltet würde. Sobald wir einen anderen Menschen sehen, erzeugen Spiegelneuronen in unserem Gehirn eine Simulation der Situation, in der sich der von uns beobachtete Mensch gerade befindet. **Spiegelneuronen geben uns so eine intuitive Information über das, was in anderen Menschen vor sich geht.** So kommt es beispielsweise, dass wir meistens sehr schnell ein Gefühl dafür haben, ob uns jemand die Wahrheit sagt oder nicht. Unser Gehirn hat automatisch arbeitende Systeme, welche die „Bilder" der Körpersprache anderer Menschen fortlaufend analysieren und dechiffrieren. Visualisieren ist das bewusste Erzeugen von eindrucksvollen und lebendigen Bildern vor dem eigenen geistigen Auge, auf das die Spiegelneuronen ebenfalls reagieren. Denn bei der Visualisierung passiert sehr viel im Unterbewusstsein. Unser Unterbewusstsein kann nämlich nicht zwischen einer realen Situation und einer Vorstellung in unserem Kopf unterscheiden. **Wenn Sie sich etwas intensiv vorstellen, laufen im Gehirn die gleichen Prozesse ab wie die, die beim tatsächlichen Tun entstünden.**[19]

> *Das Gehirn unterscheidet nicht zwischen dem, was ich tatsächlich gesehen und erlebt habe, und dem, was ich mir visualisiere.*
>
> *Gerhard Roth*

---

[18] Rizzolatti, G./Craighero, L. (2004) The Mirror-Neuron System. Annual Rev. Neurosci. 27, 169–192.

[19] Benson, Herbert (1997) Heilung durch Glauben. Heyne Verlag.

Inzwischen ist die Wirksamkeit der mentalen Arbeit mit inneren Bildern auch neurowissenschaftlich belegt. Wolf Singer vom Frankfurter Max-Planck-Institut für Hirnforschung betont die Effektivität dieser Übungsform: Bewusste Visualisierungen können externe Bilder ersetzen. Wie Kernspintomografie-Untersuchungen zeigen, ähneln diese Muster der Abläufe im Gehirn bis ins Detail jenen, die man findet, wenn die Probanden dasselbe Objekt mit offenen Augen betrachten.[20] **Die Szenen, die wir uns vorstellen, sind für das Gehirn real.** Für unser Gehirn ist es gleichgültig, ob wir einen Gegenstand oder ein Ereignis tatsächlich vor uns sehen oder ob wir den Gegenstand als inneres Bild betrachten. Unser Gehirn unterscheidet nicht zwischen äußerer und innerer Wirklichkeit, wenn die Bilder der inneren Wirklichkeit klar und stark genug sind.

Wenn Sie sich Ihren positiven Glaubenssatz denken oder ihn sprechen, ist es daher sehr wichtig, zu visualisieren. **Versuchen Sie, die Bilder zu Ihrer Affirmation in Ihrem Kopf zu sehen.** Sehen Sie vor Ihrem geistigen Auge, wie sich Ihr Leben verändert, wenn die Affirmation zur Wahrheit wird. Wenn Ihr Glaubenssatz zum Beispiel lautet: *„Ich glaube an mich selbst und kann alle Ziele erreichen, die ich mir setze“*, dann stellen Sie sich vor Ihrem geistigen Auge vor, wie Sie Ihre Ziele erreichen. Schaffen Sie sich ein mentales Bild oder einen kurzen Film über Ihre Zielvorstellung. Sehen Sie sich beispielsweise als Projektleiter agieren. Wenn Sie die Affirmation *„Ich lasse jeden Tag zu einer schönen Blume erblühen“* verwenden, dann stellen Sie sich dabei eine wunderbar blühende Blume vor. Wenn Sie das oft genug wiederholen und mit starken Emotionen verbinden, dann werden Sie nach einiger Zeit Ihr Unterbewusstsein umprogrammieren.

Aus diesem Grund nutzen auch Spitzensportler die Visualisierung als festen Bestandteil Ihres Mentaltrainings. Die australische Turmspringerin Laura Ann Wilkinson hatte sich bei der Vorbereitung auf die Olympischen Spiele 2000 drei Zehen gebrochen

---

20 Singer, Wolf/Ricard, Matthieu (2008) Hirnforschung und Meditation. Suhrkamp.

und konnte daher keine Sprünge üben. Sie soll sich jeden Tag stundenlang auf die Sprungrampe gesetzt haben und jeden ihrer Sprünge bis ins kleinste Detail vor ihrem inneren Auge durchgegangen sein. Trotz des enormen Trainingsrückstands gewann sie die Goldmedaille.

Laut Toni Innauer, dem erfolgreichen ehemaligen Trainer der österreichischen Skispringer, visualisiert auch ein Skispringer seinen Sprung vor seinem geistigen Auge. Er übt in entspanntem mentalen Zustand den idealen Sprung. Er stellt sich vor, wie er optimal vom Schanzentisch abhebt und den perfekten Sprung hinlegt. Dabei geht er mit dem Gefühl der Begeisterung an diese Übung heran. Er fühlt, wie es ist, den perfekten Sprung zu erwischen. Wenn er emotional am Höhepunkt der Übung angelangt ist, formuliert er seine Suggestion und verankert diese in seinem Unterbewusstsein. Steht der Wettkampf dann bevor und der Springer am Balken, dann stellt er mittels der Affirmation diesen Gefühlszustand wieder her und macht seinen Sprung.[21]

Erfolgreiches Visualisieren

Um Ihre Visualisierungsfähigkeit zu verbessern, trainieren Sie am besten Ihr Vorstellungsvermögen. Versuchen Sie sich zum Beispiel Ihr Fahrrad oder das Gesicht eines Freundes ganz genau vorzustellen und in Erinnerung zu rufen. Ebenso können Sie von Ihrer Umgebung ein geistiges Foto machen. Schließen Sie dann die Augen und versuchen Sie, sich möglichst genau an alle Details der Umgebung zu erinnern.

Ein wesentlicher Schlüsselfaktor dabei ist die Lebhaftigkeit der Vorstellung. Dabei gilt: Übung macht den Meister. Bei Ihren ersten Versuchen wird die Lebhaftigkeit der Visualisierung womöglich noch nicht so stark ausgeprägt sein. Mit folgender Übung können Sie diese

[21] Seminar mit Mag.Toni Innauer auf Schloss Puchberg am 05.11.2017.

trainieren: Schließen Sie die Augen und stellen Sie sich vor, Sie sind zu Hause in Ihrem Wohnzimmer. Schauen Sie sich im Zimmer um und achten Sie dabei auf alle Details. Welche Geräusche hören Sie? Was riechen Sie? Wie fühlt es sich an, wenn Sie auf Ihrem Sofa sitzen oder auf der Couch liegen?

Visualisierungsübung: Die Treppe

- Stellen Sie sich zunächst eine Treppe vor.
- Eine einfache Holztreppe mit etwa zehn Stufen.
- Stellen Sie sich die Stufen vor, das Geländer, die Farbe des Holzes.
- Wenn Ihnen das gelingt, gehen Sie zum Fuß der Treppe.
- Greifen Sie nach dem Geländer und spüren Sie das alte, massive Holz in Ihrer Hand.
- Setzen Sie vorsichtig einen Fuß auf die alten Stufen.
- Lauschen Sie dabei auf Ihre Schritte.
- Lauschen Sie auf das Knarren des Holzes unter Ihren Füßen.
- Lassen Sie das Knarren als Echo widerhallen.
- Gehen Sie die Treppe ruhig ein paar Mal hinauf und hinunter.
- Variieren Sie Ihre Geschwindigkeit und achten Sie darauf, wie die Bretter unter Ihren Füßen knarren.

Visualisierungsübung: Der Ball

- Stellen Sie sich zunächst einen Kreis vor.
- Füllen Sie diesen Kreis mit Farbe, zum Beispiel einem kräftigen Rot.
- Halten Sie den Kreis einige Augenblicke in Gedanken fest.

- Allmählich verwandelt sich der Kreis in einen Ball.
- Greifen Sie danach und nehmen Sie den Ball in die Hand.
- Sie können ihn in der Hand ein paar Mal hin- und herdrehen.
- Lassen Sie den Ball über den Boden hüpfen.
- Blicken Sie ihm nach, wie er auf den Boden prallt.
- Lauschen Sie dabei auf das Geräusch des Aufpralls.
- Lassen Sie den Ball ruhig noch einige Male auf und nieder hüpfen.

Visualisierungstipps:

- *Um gut visualisieren zu können, sollten Sie Ihre **Augen schließen,** oder Sie fixieren einen Punkt auf dem Boden.*
- *Visualisieren Sie zu Beginn nur in **entspanntem Zustand.***
- *Generell gilt: Je **konkreter und detaillierter** Sie sich etwas vorstellen, desto besser.*
- *Wenn Sie an das „Ziel-Bild" Ihrer Affirmation denken, beziehen Sie **alle Sinne** ein. Was können Sie sehen, hören, riechen, schmecken, ertasten? Je mehr Sie diese Gedanken mit Ihren Sinnen verknüpfen, desto wirksamer wird die Visualisierung sein.*
- ***Verknüpfen Sie Ihre Bilder möglichst mit Emotionen.** Nehmen Sie zum Beispiel den Stolz wahr, den Sie beim nächsten Karriereschritt oder nach der erfolgreichen Prüfung verspüren. Je stärker Ihre Bilder mit Emotionen verbunden sind, desto effektiver das Visualisieren.*
- *Begeben Sie sich **geistig in das Bild hinein** und nehmen Sie in Ihrer Vorstellung aktiv am Geschehen teil. Stellen Sie sich also lebhaft und gefühlsintensiv vor, dass Sie selbst gerade dabei sind, das Gewünschte zu erleben!*

- *Visualisieren Sie dieses Bild oder diesen Film am besten* ***morgens*** *nach dem Aufwachen und* ***abends*** *vor dem Schlafengehen. Der Morgen legt die Grundstimmung für den Tag fest. Der Abend steuert die Lernprozesse, die im Schlaf ablaufen.*

Affirmation mit Entspannung

Sie können die Wirkung Ihrer Affirmationen noch verstärken, wenn Sie sich vorher gezielt mental entspannen. Suggestionen, die im entspannten Zustand die tieferen Schichten der Persönlichkeit ansprechen, sind weitaus wirksamer als Glaubenssätze, die Sie während des Tages rezitieren. Wenn zum Beispiel ein ängstlicher, wenig durchsetzungsfähiger Mensch bewusst immer wieder die Affirmation *„Meine Meinung ist wichtig, und ich fühle mich selbstbewusst" rezitiert,* wird er mitunter wenig ausrichten können, denn er erreicht damit nicht die tieferen Bereiche seiner Persönlichkeit, aus denen solche Ängste und Unsicherheiten herrühren. Wenn er jedoch zunächst einen Entspannungszustand herstellt, ist er diesen tieferen Bereichen im entspannt-konzentrierten Zustand viel näher. Lässt er seine Affirmation jetzt einfließen, so erhält diese quasi eine **Tiefenwirkung.**

Ob jemand mental entspannt ist, lässt sich auch wissenschaftlich nachweisen: Die Aktivitäten unseres Gehirns können mittels eines EEGs (Elektroenzephalogramm) gemessen werden. Unser Gehirn weist im normalen Wachzustand sogenannte **Betawellen** auf. Sie befinden sich im Betazustand, wenn Sie beispielsweise Ihrer täglichen Arbeit nachgehen, konzentriert an einem Problem tüfteln oder wenn Sie wie jetzt dieses Buch lesen.

> *Die Affirmation sollte auf einen entspannten, konzentrierten Zustand treffen, damit sie unser kritisches und kontrolliertes Denken umgehen und in der Tiefe wirken kann.*
>
> *Maria Krapf*

Ein mentaler Entspannungszustand dagegen wird durch Alphawellen ausgezeichnet. Ein Zustand, der von Ruhe, Harmonie und völliger Klarheit geprägt ist. Das ist der ideale Zustand, um Informationen und somit auch Affirmationen in Ihr Unterbewusstsein fließen zu lassen, weil hier ein intensiver Kontakt zu diesem besteht. Es gibt noch zwei weitere Arten von Wellen: Ihre Gehirnströme senden **Thetawellen**, wenn Sie sich in einem noch tieferen Entspannungszustand, wie zum Beispiel im leichten Traumschlaf (REM-Phase), befinden. Sind Sie im traumlosen Tiefschlaf oder liegt ein Mensch im Koma, spricht man von einem **Deltazustand.** Wenn Sie sich mental entspannen wollen, gilt es also, Ihre Gehirnströme in den Alphazustand zu versetzen. Dann sind Sie immer noch „ganz da"; Sie schlafen nicht, aber Ihr Kopf ist angenehm leer, und Sie fühlen sich entspannt. Ein Zustand, den Sie vielleicht von Tagträumen kennen.

Einfache Entspannungstechniken

Mit ein bisschen Übung können Sie sich selbst in einen mentalen Entspannungszustand versetzen. Es mag Ihnen beim ersten Mal vielleicht seltsam vorkommen, denn bei vollem Bewusstsein und nicht, wie sonst üblich, im Schlaf die Leere und Entspannung wirklich zu fühlen, kennen wir normalerweise nicht. Es gibt dafür verschiedene Methoden, **probieren Sie einfach die unterschiedlichen Techniken aus** und kombinieren Sie diese, bis Sie herausgefunden haben, was Ihnen am meisten liegt. Wir stellen Ihnen hier einige vor:

- **Kunstwort-Technik:** Setzen Sie sich hin und schließen Sie Ihre Augen. Wiederholen Sie ununterbrochen ein monotones Wort, das überhaupt keinen Sinn ergibt (zum Beispiel das Kunstwort „iamon"). Weisen Sie alle Gedanken ab und versuchen Sie nicht, sich unter dem Kunstwort etwas vorzustellen, denn dann wären Ihre Gedanken schon wieder abgelenkt, und eine Entspannung wäre nicht möglich. Nach einiger Zeit werden Sie sich fühlen, als sei Ihr Kopf völlig leer – und genau dann haben Sie den gewünschten Entspannungszustand erreicht. Nun rezitieren Sie Ihre Affirmation.
- **Atemtechnik:** Setzen Sie sich bequem hin und schließen Sie die Augen. Richten Sie nun Ihre ganze Aufmerksamkeit auf Ihren Atem. Atmen Sie ruhig und gleichmäßig. Greifen Sie nicht in Ihre Atmung ein, sondern lassen Sie Ihren Atem ganz natürlich ein- und ausströmen. Ein und aus. Nun stellen Sie sich vor, wie Sie mit jedem Ausatmen immer ruhiger und gelassener werden. Sagen Sie sich immer, wenn Sie ausatmen, beispielsweise das Wort „Ruhe" oder „Entspannung". Stellen Sie sich vor, wie Sie Ihre Anspannung, Ihren Stress und Ihre Unruhe einfach ausatmen. Und so werden Sie immer tiefer in die Entspannung gleiten können. Wenn Sie sich entspannt fühlen, beginnen Sie mit dem Denken oder Sprechen Ihrer Affirmation.
- **Zähltechnik:** Zählen Sie sich in die Entspannung: Wenn Sie es sich bequem gemacht haben, konzentrieren Sie sich wieder auf Ihren Atem. Sie können auch Ihre Hände auf den Bauch legen und beobachten, wie sich beim Einatmen die Bauchdecke hebt. Wenn Sie ausatmen, stellen Sie sich vor, wie Sie tiefer und tiefer sinken. Dann fangen Sie an, zu zählen: Sie fangen bei zehn an und zählen bis null. Bei jedem Ausatmen zählen Sie eine Ziffer rückwärts herunter. Wiederholen Sie diesen Vorgang so oft (ca. dreimal), bis Sie sich entspannt fühlen, und rezitieren Sie dann Ihre Affirmation. Je öfter Sie diese Methode anwenden, desto schneller entspannen Sie sich. Nach einiger Zeit werden Sie sich

wahrscheinlich schon nach einem Durchgang in den Alpha-Zustand versetzen können, wenn Sie bei drei mit dem Zählen beginnen.

- **Schädeldeckentechnik**: Eine Methode, in den Alpha-Zustand zu gelangen, ist der Wechsel der Blickrichtung. Schließen Sie dazu die Augen. Dann blicken Sie nach oben, als wollten Sie durch Ihre Schädeldecke hindurch zur Raumdecke schauen. Das gleicht der Augenbewegung in der Einschlafphase – so aktivieren Sie automatisch Alpha-Wellen. Wenn Sie sich entspannt fühlen, praktizieren Sie Ihre Affirmation.

- **Entspannende Situationen vorstellen**: Eine sehr schöne Methode, sich mental zu entspannen, besteht darin, dass Sie ganz bewusst tagträumen. Setzen Sie sich bequem hin, schließen Sie die Augen und atmen Sie ruhig. Nun stellen Sie sich vor Ihrem geistigen Auge einen wunderschönen Ort vor. Das kann ein Strand sein, eine Bergwiese oder ein kuscheliges Bett in einem Raum, wo Sie sich wohlfühlen. Sie können sich einen realen Ort vorstellen, an dem Sie selbst schon einmal waren und mit dem Sie etwas Positives verbinden. Oder Sie erträumen sich einen Ort, an dem Sie gerade gern wären. Versuchen Sie, sich richtig in dieses Bild hineinzubegeben. Was sehen Sie? Was hören Sie dort? Was spüren Sie? Tun Sie an diesem Ort alles, was Ihnen guttut – legen Sie sich zum Beispiel in den warmen Sand, laufen Sie barfuß über die Wiese oder kuscheln Sie sich gemütlich in eine Hängematte. Es ist Ihr Ort und Ihr Tagtraum. Genießen Sie diesen kleinen Kurzurlaub – Sie können jederzeit wieder zurückkehren. Rezitieren Sie dann Ihre Affirmation.

- **Musik hören**: Sie können auch die Kraft der Musik nutzen. Auch mit dem CD- oder MP3-Player können Sie sich in den Alpha-Zustand versetzen. Dafür eignen sich bestimmte Entspannungs-CDs oder Streamings, die speziell dafür komponiert wurden, zum Beispiel von Dr. Arnd Stein oder Mike Rowland.

Diese meditative Wirkung zeigen auch zahlreiche Musikkompositionen. Wissenschaftlich getestet wurden zum Beispiel folgende Werke: **Johann Sebastian Bach:** Aria zu den Goldberg-Variationen, Largo aus dem Konzert für Cembalo solo in F-Dur. **Georg Friedrich Händel:** Alle langsamen Sätze aus den Concerti grossi op. 6, Nr. 1–12, Largo aus dem Konzert für Viola, Streicher und Basso continuo in G-Dur. **Antonio Vivaldi:** Largo aus dem „Winter" aus „Die vier Jahreszeiten", Flautinokonzert in E-Moll, op. 44, Largo.[22] Diese Musik hat einen Rhythmus von 60 Schlägen pro Minute, an den sich Ihr Körper anzugleichen versucht. Dieser Takt entspricht den Alpha-Wellen.

Wie Sie aus Ihrem Entspannungszustand zurückkommen: Im Normalfall bleiben Sie bei der mentalen Entspannung geistig immer noch wach. Sie werden Geräusche von außen wahrnehmen (was Sie, solange Sie noch ungeübt sind, vielleicht sogar stören wird), und **Sie können sich selbst jederzeit zurückholen:** Zählen Sie von eins bis drei, räkeln und strecken Sie sich ausgiebig und öffnen Sie die Augen. Sie werden sich erfrischt und munter fühlen. Manchmal kann es passieren, dass Sie einschlafen. Da Sie aber nicht sofort in einen Tiefschlaf fallen, werden Sie sehr schnell aus dem Schlaf erwachen. In der Regel sind Sie nach einer Phase der mentalen Entspannung frisch, munter und leistungsfähiger. Sollten Sie öfters einschlafen, empfehlen wir Ihnen, bei Ihren Entspannungsübungen zu sitzen und sich nicht hinzulegen.

- **Autogenes Training:** Auch das autogene Training eignet sich sehr gut, um Affirmationen in den Tagesablauf einzubauen. Lesen Sie dazu weiter hinten „Professionelle Unterstützung" – „Autogenes Training".

[22] https://ernaehrungsstudio.nestle.de/fitnessvitalitaet/entspannung/enstpannenmitmusik.htm (letzter Zugriff: 04.05.2020).

Kraftvolle Gesten

Sie können während des Rezitierens Ihrer Affirmation auch Ihren Körper nutzen und die Botschaft an Ihr Unterbewusstsein mit entsprechenden Bewegungen und Gesten unterstützen. Kennen Sie noch die „Becker-Faust"? Der ehemalige Tennisprofi Boris Becker hatte eine bestimmte Faustbewegung, wenn er einen wichtigen Punkt gemacht hatte. Die Jubelgeste nach einem Punktgewinn ist ein gutes Beispiel, **wie man sich selbst auf mehr Erfolg programmieren kann.** Das Prinzip besteht darin, Momente emotional zu verstärken. Durch den emotionalen Impuls bei einer Geste bekommt das Unterbewusstsein jedes Mal in exakt den Momenten, die vervielfältigt werden sollen, die Botschaft, dass es genau das ist, was man will. **Und nur wenn unser Unterbewusstes weiß, was wir wollen, kann es uns optimal beim Erreichen unserer Ziele unterstützen.** Speichern Sie also Ihre Affirmationen in einer Bewegung, die Sie immer wieder ausführen können, um damit Ihr Unterbewusstsein bei der Programmierung zu unterstützen. Wenn Sie sich zum Beispiel selbst besser annehmen wollen, können Sie, während Sie Ihre Affirmation rezitieren, zart Ihren Arm oder Ihre eigene Hand streicheln. Wollen Sie mehr Lebensfreude entwickeln, können Sie durch den Raum tanzen. Denken Sie daran: Unterstützende Gesten erzeugen zusätzliche Energie für Ihre Suggestionsformeln und verstärken deren Wirkung.

> *Suche nicht die großen Worte, eine kleine Geste genügt.*
>
> *Phil Bosmans*

Erfolgstagebuch

Unser Tagesablauf wird beherrscht von Routinen und Pflichten. Alles, was den Ablauf stört oder unseren Plänen im Wege steht, bekommt meistens viel Aufmerksamkeit. Man regt sich etwa schon morgens auf, weil der Zug mal wieder Verspätung hat, oder fühlt sich gestresst, weil der Kopierer so kurz vor der wichtigen Besprechung schon wieder nicht funktioniert. Und abends sitzt man dann mit dem Partner am Tisch und berichtet von dem schlecht gelaufenen Tag und all den Ungerechtigkeiten des Lebens.

Woran erinnern Sie sich eigentlich am Abend? Viele Menschen erinnern sich vor allem an die unangenehmen Momente ihres Tages und haben die vielen kleinen positiven Situationen und Erlebnisse vergessen. Gerade nach einem anstrengenden und stressigen Arbeitstag, wenn man im Bett liegt und das erste Mal die Augen schließt, achtet man meist aus Gewohnheit auf das, was nicht so gut gelaufen ist oder was einen geärgert hat.

Angenommen, Sie erleben an einem Arbeitstag zwanzig verschiedene Situationen in der Firma, im Büro oder bei Kunden. Neunzehn Situationen verlaufen gut oder zumindest zufriedenstellend, nur eine Situation, das Gespräch mit Herrn Müller, ist schlecht gelaufen. An welche der zwanzig Situationen werden Sie sich wohl erinnern, wenn Sie am Abend gefragt werden, wie der Tag gelaufen ist? **Vermutlich ergeht es Ihnen wie 95 Prozent aller Menschen.** Das negative Erlebnis mit Herrn Müller fällt Ihnen sofort ein; die neunzehn anderen Erlebnisse treten dagegen in den Hintergrund.

> *Das Geheimnis des Erfolgs ist anzufangen.*
>
> *Mark Twain*

Eine nützliche Methode, um sich am Abend ganz bewusst an die positiven und erfolgreichen Dinge des Tages zu erinnern und den Tag mit motivierenden Gedanken und Affirmationen abzuschließen, ist **das Führen eines Erfolgstagebuchs.** Ein Erfolgstagebuch richtet den Fokus ausschließlich auf die erfolgreichen Eigenerlebnisse des Tages. Besorgen Sie sich ein Notizbuch oder ein Tagebuch und notieren Sie darin alle erreichten positiven Ergebnisse des vergangenen Tages.[23] Machen Sie es sich zur Angewohnheit, täglich mindestens drei bis fünf Dinge zu notieren, die Ihnen zum Beispiel in der Arbeit gut gelungen sind. Stellen Sie sich dazu jeden Abend folgende Fragen:

- *Was habe ich heute gut gemacht?*
- *Was ist mir gut gelungen?*
- *Worauf bin ich heute stolz?*
- *Was durfte ich heute lernen?*
- *Welche Menschen habe ich heute bereichert?*

Vermerken Sie vor allem kleinere Erfolge und Erlebnisse, wie endlich erledigte Aufgaben, ein Kompliment vom Kunden, ein Lob vom Vorgesetzten, eine Anerkennung vom Partner, den Schreibtisch abgearbeitet zu haben, ein vielversprechendes Akquisitionsgespräch, das Kochen einer guten Mahlzeit, ein gut verlaufenes Konfliktgespräch, ein erreichtes Etappenziel usw. Auch jeder noch so kleine Erfolg zählt. Seien Sie dabei so konkret wie möglich: Anstelle von: „*Heute war ein guter Tag, mein Chef hat mich gelobt*“ schreiben Sie: „*Heute hat mich der Chef für meinen Entwurf des neuen Kundenmailings gelobt. Er sagte, dass meine Nutzenformulierungen perfekt zum neuen Produkt passen und seinen Vorstellungen genau entsprechen.*“ Lautet einer Ihrer einschränkenden Glaubenssätze zum Beispiel „*Ich bin ein Versager*“, können Sie am Abend Ihr Erfolgstagebuch zur Hand nehmen und sich beim Durchlesen bewusst machen, wie viele Belege Sie bereits dafür haben, dass Sie erfolgreich sind. **Wenn Sie dann noch Ihre persönliche Affirmation in das Buch schreiben, fördert das zudem die Verankerung Ihres positiven Glaubenssatzes.**

Ein täglich oder wöchentlich geführtes Erfolgstagebuch beweist Ihnen, dass es viele schöne Erfolgserlebnisse in Ihrem Leben gibt,

---

[23] Zum Beispiel: von Hirschhausen, Eckart (2009) Mein Glück kommt selten allein. Glück kommt mit deinem persönlichen Glücks-Tagebuch! Rowohlt Verlag.

und führt Ihnen eindrucksvoll und motivierend vor Augen, was Sie alles realisiert und geschafft haben. **Sie verbessern damit Ihr Gefühl für Ihre eigenen Leistungen und machen sich Ihre eigenen Stärken bewusst.**[24] Zusätzlich hat es positive Auswirkungen auf Ihre Selbstwahrnehmung und fördert Ihr Selbstvertrauen. Mit einem regelmäßig geführten Erfolgstagebuch schulen Sie Ihre Fähigkeit, sich über bereits Erreichtes und Vorhandenes zu freuen, und lernen, Ihre Aufmerksamkeit auf motivierende Aspekte des eigenen Lebens zu richten. Je mehr Sie sich mit Ihren Erfolgen auseinandersetzen, desto stärker wird auch Ihr Selbstwertgefühl. Sie werden beim Durchlesen Ihres Erfolgstagebuchs überrascht sein, wie viele Erfolge Sie im Laufe der Zeit erzielen konnten, die Sie schon lange vergessen hatten. **Ein Blick in Ihr Erfolgstagebuch kann genügen, um Ihre Stimmung zu verbessern, denn die Summe all Ihrer kleinen und größeren Erfolge gibt Ihnen ein entspanntes Zufriedenheitsgefühl.**

Spiegelaffirmationen

Denken Sie mal darüber nach, an welchem Ort in Ihrer Wohnung Sie negative Selbstgespräche führen. Wenn es Ihnen so geht wie vielen anderen Menschen auch, dann könnte das vor einem Spiegel sein. *„Schau dir diese Schenkel an!"*, *„Wann bin ich so dick geworden?"*, *„So wie du aussiehst, kann das ja nichts werden!"* – kommt Ihnen das bekannt vor? **Spiegel reflektieren unsere eigenen Gedanken und Gefühle uns selbst gegenüber.**

Um negative Gedanken und Gefühle durch positive zu ersetzen, machen Sie es sich zur Gewohnheit, Ihre Affirmationen auch vor dem Spiegel zu rezitieren. **Positive Dinge über sich selbst zu sagen, während man in den Spiegel schaut, ist eine der effektivsten**

---

[24] Wie Sie Ihre Stärken bestimmen und gezielt einsetzen können, erfahren Sie in unserem Buch: *Jeden Tag glücklich! Positive Psychologie für mehr Glück und Erfolg.*

Möglichkeiten, Affirmationen zu anzuwenden.[25] Der große Nutzen dabei ist, dass Sie Augenkontakt mit sich selbst haben. Gerade der Blickkontakt ist eine sehr starke Komponente in der Kommunikation mit anderen Menschen, und das gilt auch für die Kommunikation mit sich selbst. Wenn Sie in den Spiegel schauen, blicken Sie also in Ihre Augen und sagen Sie Ihre Affirmation klar und deutlich auf.

In den Spiegel lächeln: Eine positive Affirmation, insbesondere verbunden mit einem strahlenden, dem eigenen Spiegelbild zugeworfenen Lächeln am Morgen, kann Ihren gesamten restlichen Tag positiv beeinflussen. Dabei spielen vier Gründe eine wesentliche Rolle:

Den ersten Grund liefert die Evolutionsbiologie: Unser Gehirn speichert ein grimmiges Gesicht als gefährlich und ein strahlendes, lächelndes Gesicht als positiv ab. In Untersuchungen wurde Versuchspersonen, die in einem Hirnscanner lagen, in einer Bildschirmpräsentation eine Reihe von Wörtern gezeigt, in die immer wieder das Bild eines bösen Gesichts so kurz eingeblendet wurde, dass sie nichts davon bemerkten (subliminale Einblendung). Im Computertomografen sah die Sache völlig anders aus: Die Amygdala im limbischen Emotionssystem unseres Gehirns, die sehr stark an der emotionalen Bewertung von Gesichtern beteiligt ist, leuchtete hell auf und versetzte den Körper gleichzeitig in Verteidigungsbereitschaft. Auch der elektrische Hautwiderstand, ein Maß für die innere Anspannung, veränderte sich deutlich. Der Körper war schon längst auf Verteidigung eingestellt – das Bewusstsein der Teilnehmer hatte davon jedoch noch keine Ahnung.

Wenn Sie also im Spiegelbild ein grimmiges Gesicht sehen – nämlich Ihr eigenes –, dann versetzen Sie Ihren gesamten Körper in einen Stresszustand.[26] Nutzen Sie daher ganz bewusst den

---

[25] Hay, Louise (2016) Spiegelarbeit: Die Essenz aus Louise Hays Lebenshilfe-Programm als 21-Tage-Kurs, L.E.O. Verlag.

[26] Häusel, Hans Georg (2010) Warum Kunden kaufen. Haufe Verlag.

positiven Effekt: Lächeln Sie in den Spiegel und Sie tun damit sich und Ihrem Körper etwas Gutes. Studien belegen: Wer öfter lächelt lebt länger, und zwar im Durchschnitt fast fünf Jahre![27]

Der **zweite Grund** liegt darin, **dass die Bewegungen Ihrer Gesichtsmuskulatur auch Ihre Gefühlslage steuern.** Zahlreiche Untersuchungen belegen diesen Zusammenhang zwischen Lächeln und dem allgemeinen Wohlbefinden.[28] So zeigte zum Beispiel der Psychologe Fritz Strack seinen Versuchspersonen Cartoons, wobei die eine Gruppe einen Bleistift zwischen den Lippen hatte, ohne die Zähne zu Hilfe zu nehmen (Unterdrücken von Lächeln), während die andere einen Bleistift nur mit den Zähnen hielt, ohne die Lippen zu benutzen (Lächelstellung). Nur diejenigen, die den Bleistift mit den Zähnen hielten, fanden die Cartoons zum Lachen. Die Studie zeigt: **Menschen, die eine freundliche Miene aufsetzen, erzeugen bei sich selbst gute Laune und euphorische Gefühle.**[29]

Der dritte Grund ist, dass Lächeln und Lachen eine ähnliche Wirkung wie Gähnen haben: Sie stecken an. So reagieren ca. 80 Prozent der Menschen auf ein Lächeln ebenfalls mit einem Lächeln. Das liegt daran, dass durch die Beobachtung eines lächelnden Gesichts dieselben Gehirnbereiche aktiviert werden, als wenn man selbst lachte. Durch diese Voraktivierung wird das eigene Lachen erleichtert.[30] Wenn Ihr Gehirn also im Spiegel ein – nämlich Ihr – lächelndes Gesicht erkennt, wird es quasi automatisch zum Lächeln

---

[27] Abel/Kruger (2010) Smile Intensity in Photographs predicts Longevity, Psychological sience. Download unter: http://pss.sagepub.com/content/early/2010/02/26/0956797610363775.extract (letzter Zugriff: 07.06.2020); sowie: Lefcourt, H. M. (2005) Humor. In: Snyder/Lopez (Hg.) Handbook of positive psychology (619–631). Oxford University Press.

[28] Ekman, Paul (2011) Gefühle lesen: Wie Sie Emotionen erkennen und richtig interpretieren. Spektrum Akademischer Verlag.

[29] Rothermund/Eder (2011) Motivation und Emotion. VS Verlag.

[30] ORF Ö1-Radiokolleg vom 05.01.2009: Wer lacht, lebt gesünder.

animiert, und die Folgen sind dieselben, wie wenn Ihnen jemand auf der Straße ein freundliches Lächeln schenkt.

Es kann nur dann ein Lächeln aus dem Spiegel schauen, wenn ein Lächelnder hineinsieht.

Chinesisches Sprichwort

Vierter Grund: Die menschliche Psyche kann nicht zwischen unechtem und echtem Lächeln oder Lachen unterscheiden. Wenn Sie in den Spiegel lächeln, überlisten Sie damit ihr Gehirn. Es reagiert ähnlich positiv wie auf ein wirkliches Lächeln mit der Ausschüttung von Glückshormonen.[31] Wesentlich ist jedoch, dass es sich nicht um ein Grinsen, sondern um ein Lächeln handelt. Ein Grinsen, das lediglich die Mundwinkel hebt, hat nämlich nicht dieselbe Wirkung wie ein Lächeln, das die um die Augen befindlichen Muskeln bewegt. Beim Grinsen bleiben vor allem die Ringmuskeln um die Augen entspannt. Der entscheidende Lachmuskel ist der Zygomaticus, der am Jochbein ansetzt und die Mundwinkel nach oben zieht, was das optisch sichtbare Lächeln oder Lachen auslöst. Beim Lächeln drückt dieser Gesichtsmuskel zwischen Wange und Auge genau auf den Nerv, der unserem Gehirn eine fröhliche Stimmung signalisiert. Je intensiver Sie lächeln oder lachen, sprich Ihre Mundwinkel nach oben ziehen, desto intensiver ist der Druck auf diesen Nerv und somit die positive Wirkung.

[31] Kataria, Madan, Erfinder des Lachyoga. Info unter: http://www.lachverband.org/Entstehung.53761.html (letzter Zugriff: 05.05.2020).

Eine Spiegelaffirmation zum Schmunzeln finden Sie unter: http://bit.ly/Jessica-Affirmation

Der QR-Code zum Video

Um Spiegelaffirmationen zu einem Teil Ihrer täglichen Routine zu machen, bringen Sie am besten eine Erinnerung an der Wand um den Spiegel herum oder sogar am Spiegel selbst an. Eine solche kleine Haftnotiz wird Sie daran erinnern, mögliche negative Selbstgespräche durch aufbauende Affirmationen zu ersetzen. **Nutzen Sie insbesondere die Morgen- und Abendtoilette vor dem Badspiegel für Ihre Spiegelaffirmationen.**

Erinnerungsmöglichkeiten

Wenn Sie beginnen, mit Affirmationen zu arbeiten, sind **kleine Erinnerungstools** eine gute Empfehlung. Dies ist besonders in den ersten drei Wochen wichtig, wenn Sie versuchen, Affirmationen zu einer Gewohnheit zu machen.

Digitale Geräte

Die ständige Nutzung von digitalen Geräten ist für viele von uns mittlerweile zum festen Bestandteil des täglichen Lebens geworden. Obwohl die dauernde Beschäftigung mit dieser Technik ihre Schattenseiten haben kann, kann die Technologie auch als nützliches Instrument zur Implementierung und Ergänzung einer Affirmationspraxis eingesetzt werden. Wenn Sie sich für diese Variante zur Verankerung Ihrer Affirmationen entscheiden wollen, gibt es eine Fülle von Möglichkeiten, Ihre digitalen Geräte auch als Erinnerungen zu verwenden:

> *Die Töne sind doch der Irisbogen, der den Himmel mit dem Irdischen verbindet.*
>
> Hans Christian Andersen

Wenn Sie ein **Handy bzw. Smartphone** besitzen, haben Sie darauf wahrscheinlich einen Kalender oder eine Alarmfunktion. Auf den meisten Telefonen können Sie auch einen wiederkehrenden Alarm, Kalender oder sogar eine Reminder-App einrichten. Viele verwenden diese Funktion als Erinnerung an die Einnahme von Medikamenten, die zur immer gleichen Zeit eingenommen werden müssen. Sie können sie auch als Gedächtnisstütze dafür verwenden, einmal oder mehrmals am Tag eine Affirmation zu rezitieren.

Am **Computer** können Sie einen **Online-Kalender** auf ähnliche Weise nutzen. Diese Kalender können normalerweise so konfiguriert werden, dass sie Ihnen Erinnerungen über ein Pop-up-Fenster oder eine E-Mail senden. Einige wie zum Beispiel der Google Calendar können Ihnen sogar eine Textnachricht auf Ihr Handy senden.

Affirmationsgeräusche

Eine Möglichkeit, sich eine Routine beim Rezitieren von Affirmationen aufzubauen, ist deren Verankerung durch Affirmationsgeräusche.[32] Unser Gehirn arbeitet ja durch das Knüpfen von Verbindungen zwischen den Gehirnzellen. **Sind diese Verbindungen stark genug, bleiben die damit verbundenen Informationen dauerhaft in unserem Gedächtnis.** Das ist auch der Grund dafür, warum der Gedanke an ein Spielzeug aus Ihrer Kindheit Sie sich glücklich fühlen lässt, wieso der Geruch von Apfelkuchen Sie

[32] Siehe: Thich Nhat Hanh (2018) Leben ist, was jetzt passiert: Das Geheimnis der Achtsamkeit. Lotos Verlag.

immer an Ihre Großmutter erinnert oder weshalb das Hören eines bestimmten Liedes Sie wieder zum Teenager machen kann. Die dauerhafte Zuordnung einer positiven Affirmation zu einem bestimmten Geräusch, das oft in Ihrem Leben vorkommt, bildet eine ähnliche Verbindung in Ihrem Gehirn. Haben Sie einmal ein bestimmtes Geräusch mit einer Affirmation verknüpft, kommt Ihnen diese Affirmation bei dem entsprechenden Klang fast automatisch ins Bewusstsein.

Zuerst gilt es, ein passendes Geräusch auszuwählen. Denken Sie an eines, das Sie während des ganzen Tages immer wieder hören. Das kann ein lauter Bus sein, der regelmäßig vor Ihrem Fenster vorbeifährt, das Bellen des Nachbarhundes oder ein quietschender Drucker in Ihrem Büro. Wenn Sie häufig ein Chatprogramm oder einen E-Mail-Client verwenden, der Pop-up-Benachrichtigungen versendet oder akustische Benachrichtigungen verwendet, können Sie diese Pop-ups auch als Affirmationsgeräusche verwenden. Es kann auch ein Geräusch sein, das normalerweise Irritationen verursacht, weil das bedeutet, dass Sie es in jedem Fall bemerken. **Sie sollten nur etwas wählen, das im Laufe des Tages mehrmals vorkommt und das sich von anderen Geräuschen abhebt.**

Das nächste Mal, wenn Sie dieses Geräusch hören, benutzen Sie es als Erinnerung für Ihre Affirmation. Für die erste Zeit können Sie sich auch eine Erinnerung für Ihr Geräusch erstellen. Dazu eignet sich zum Beispiel eine Notiz im Büro, auf Ihrem Armaturenbrett im Auto oder auf dem Gerät, das mit Ihrem Geräusch zu tun hat, wie zum Beispiel Ihrem Handy oder Computer. Irgendwann werden Sie es sich dann zur Gewohnheit machen, jedes Mal Ihre Affirmation zu rezitieren, wenn Sie das Geräusch hören.

Erinnerungsstück

Wenn Sie feststellen, dass Sie Schwierigkeiten haben, sich an Ihre Affirmation zu erinnern, können Sie zum Beispiel kleine **Notizen** in Ihrer Wohnung, Ihrem Auto oder an Ihren Arbeitsplatz deponieren, um sich daran zu erinnern. Sie können auch ein Schmuckstück oder einen anderen Gegenstand wählen, den Sie immer bei sich haben, und als Ihre **„Affirmationserinnerung"** bezeichnen. Jedes Mal, wenn Sie den Gegenstand ansehen oder berühren, denken oder sprechen Sie Ihre Affirmation ein paar Mal. Sie können sie auf kleine Kärtchen schreiben und in Ihrem **Geldbeutel** mit sich herumtragen. Jedes Mal, wenn Sie Ihre Geldbörse öffnen, werden Sie wieder an Ihre Affirmation erinnert.

Gute Erinnerungen tragen unser Leben.

Japanisches Sprichwort

Welche Technik Sie wählen, um das Rezitieren Ihrer Affirmation zur Gewohnheit werden zu lassen, bleibt Ihnen überlassen. Wichtig ist nur, dass Sie es sich zur Gewohnheit machen, daran zu denken. Lassen Sie nämlich Ihren Verstand in Ruhe, wird dieser zu seinen alten einschränkenden oder destruktiven Denkmustern zurückkehren. Um Ihren Geist positiv in Schwung zu bringen, ist es daher wichtig, Ihre positiven Glaubenssätze regelmäßig zu rezitieren.

Typische Fehler und ausbleibende Wirkung

Fehler 1: Zu schnell zu viel erreichen zu wollen

Affirmationen sind äußerst hilfreich beim Abbau von einschränkenden Überzeugungen und bei der Entwicklung von mehr Selbstvertrauen. Wenn Sie jedoch versuchen, zu viel auf einmal zu verändern, laufen Sie Gefahr, nicht weiterzukommen. Hier kommt Ihnen die **„Schritt für Schritt-Technik"** zugute, die wir bereits besprochen haben. Anstatt zum Beispiel auf Anhieb zu formulieren: „*Ich liebe meinen Körper*", starten Sie etwa mit „*Es ist okay, meinen Körper zu lieben und anzunehmen*". Denken Sie daran, dass viele Ihrer bestehenden Überzeugungen alte, sehr tief etablierte Denkmuster sind und es einige Zeit dauern kann, sie zu ändern. Ihre Erfolgschancen sind viel größer, wenn Sie einen Schritt nach dem anderen machen, anstatt zu versuchen, mit nur einem Sprung das gewünschte Ergebnis zu erreichen.

Fehler 2: Der Versuch, das Unglaubliche zu glauben

Einige Affirmationen werden nicht funktionieren, weil sie einfach zu unrealistisch sind. Wenn Sie zum Beispiel derzeit 20.000 Euro pro Jahr verdienen, erstellen Sie bitte keine Affirmation wie „*Ich verdiene 1.000.000 Euro pro Jahr*", weil das einfach zu weit außerhalb des Möglichen ist. Bei der Wiederholung einer solchen Affirmation würde Ihr Verstand einen Widerstand erzeugen. Besser wäre es, in diesem Fall zu formulieren, dass Sie Ihr laufendes Einkommen im nächsten Jahr zum Beispiel um 20 Prozent erhöhen wollen, oder Sie wählen ein Ziel, das nur geringfügig größer ist, wie zum Beispiel das Verdienen von zusätzlichen 3.000 Euro im nächsten Jahr. **Die Grenzen von Affirmationen liegen immer dort, wo Unwahrscheinliches oder gar Wundersames wahr werden soll.** Der plötzliche Lottogewinn, das neue Auto, das zufällig vor der Tür steht, oder der Traumpartner, der sich aus Versehen zu einem verirrt und an der Haustür läutet.

> *Wer einen Fehler gemacht hat und nicht korrigiert, begeht einen zweiten.*
>
> *Konfuzius*

Fehler 3: Inkonsequentes Handeln

Wie bereits mehrfach ausgeführt: Sie müssen Ihre Affirmationen konsequent und proaktiv anwenden, damit sie funktionieren! **Neue Gewohnheiten zu bilden, ist herausfordernd.** Seien Sie sehr konsequent, oder Sie werden aufgrund mangelnder Ergebnisse wahrscheinlich das Interesse verlieren.

Fehler 4: Zu wenig Geduld

Es wäre großartig, wenn Sie ein paar Mal eine Affirmation rezitieren würden, und alles um Sie herum wäre verändert wie durch Zauberei ... Aber wir wissen, dass das nicht passieren wird. Also erwarten Sie bitte keine Wunder; **es ist wichtig, realistisch zu sein.** Denken Sie daran, dass die Affirmation nur Ihre Überzeugungen verbessern und Sie motivieren kann. Sie wird nicht die Maßnahmen für Sie ergreifen.

Keine Wirkung

Millionen von Menschen glauben an die Kraft des positiven Denkens, um das Leben zu verbessern und um Glück und Erfolg zu erlangen. **Aber Affirmationen funktionieren nicht bei allen Menschen.** In einer Studie, die an der University of Waterloo in Kanada im Jahr 2009 durchgeführt wurde, testete man die Wirkung positiver Affirmationen auf Menschen und deren Selbstwertgefühl.[33]

Für die Studie unterteilten die Forscher eine Gruppe von 68 Personen in zwei Untergruppen: Die Hälfte der Teilnehmer wurde aufgefordert, in vier Minuten alles aufzuschreiben, was ihnen in den Sinn kommt, während die andere Hälfte die gleichen Anweisungen erhielt. Diesen Studienteilnehmern allerdings wurde zusätzlich gesagt, sie sollen alle 15 Sekunden, wenn eine Glocke läutete, „*Ich bin eine liebenswerte Person*“ denken. Nach diesen vier Minuten wurde jeder Person eine Reihe von Fragen gestellt, um die Stimmung und das Selbstwertgefühl zu messen. Die Skala reichte von 0 bis 35.

Das Studienergebnis: Teilnehmer mit gesundem Selbstwertgefühl, welche die Affirmation „*Ich bin eine liebenswerte Person*“ wiederholt hatten, wiesen im Durchschnitt einen Wert von 31 auf. Teilnehmer, die diese Affirmation nicht dachten, erzielten einen Durchschnitt von lediglich 25. **Bei den Studienteilnehmern**

---

[33] Wood et al. (2009) Positive Self-Statements: Power for Some, Peril for Others. Psychological Science, 20 (7), 860–866.

mit geringem Selbstwertgefühl sah das Ergebnis jedoch anders aus: Teilnehmer mit geringem Selbstwertgefühl, welche die Affirmation *„Ich bin eine liebenswerte Person"* wiederholt hatten, wiesen im Durchschnitt einen Wert von 10 auf, während diejenigen, die diese Affirmation nicht dachten, einen Durchschnitt von 17 erzielten. Die leitende Wissenschaftlerin Joanne Wood, Professorin für Psychologie an der University of Waterloo, hielt dazu fest: *„Es scheint, dass positive Selbstaussagen trotz ihrer weit verbreiteten Anerkennung für Menschen, die sie am meisten brauchen, nach hinten losgehen können."* [34] Sie geht davon aus, dass positive Affirmationen nicht für Menschen mit negativem Selbstbild und geringem Selbstwertgefühl funktionieren, weil sie mit den Ansichten dieser Menschen über sich selbst in Widerspruch stehen. Wenn positive Selbstaussagen stark mit der eigenen Selbstwahrnehmung kollidieren, gibt es nicht nur Widerstand, sondern mitunter eine Stärkung der negativen Selbstwahrnehmung.

Aus diesem Grund ist auch so wichtig, dass Sie – wie im Kapitel „Die Formulierung anpassen" beschrieben – Ihre Affirmation sprachlich individuell an sich anpassen und nicht einfach vorgefertigte Affirmationen übernehmen.

Wenn Affirmationen nicht wirken: Obwohl die oben beschriebenen Techniken durchaus wirksam sind, kann es sein, dass sich trotzdem keine Erfolge einstellen oder dass mit dem Üben immer mehr und mehr negative Gefühle auftauchen. **Dann sollten Sie nicht einfach weitermachen.** Autosuggestionen können nämlich nur dann funktionieren, wenn es keine weiteren Hemmnisse gibt, die eine positive Wirkung verhindern. Stellen Sie sich vor, Sie wollen mit ihrem Auto von hier zu einem Zielort fahren. Auf diesem Weg müssen Sie eine bestimmte Straße nehmen, die sie nicht umfahren können.

[34] Wood, Joane (2009) Positive thinking's negative results. Words of wisdom. For some people, optimistic thoughts can do more harm than good. The Economist (11.06.2009).

Ihr Auto funktioniert tadellos, die Kunst des Autofahrens beherrschen Sie seit Langem, der Weg ist Ihnen bekannt, und der Tank ist voll. Aber diese bestimmte Straße ist gerade gesperrt und derzeit nicht passierbar. Dann kommen Sie einfach nicht ans Ziel. Die Straße muss zuerst repariert werden, bevor Sie sie entlangfahren können. Wenn also Ihre Autosuggestionen nicht funktionieren, dann kann es sein, dass es etwas in Ihrer Psyche gibt, was Sie zuerst bearbeiten sollten. Vielleicht müssen Sie vorher noch etwas lernen oder über sich erfahren; Sie können ja auch keine mathematischen Gleichungssysteme lösen, wenn Sie die Grundrechenarten nicht beherrschen. Das hat mit dem Wirkungsprinzip Ihrer Autosuggestionen nichts zu tun, aber diese haben für den Moment vielleicht noch den falschen Fokus.

> *Die wenigsten Menschen verstehen sich darauf, Ursachen zu beeinflussen. Die meisten vergeuden ihre Zeit mit dem aussichtslosen Versuch, Wirkungen zu verändern.*
>
> *Peter Hohl*

Hier brauchen Sie einen helfenden Dritten, einen professionellen Coach oder Psychotherapeuten, der das erkennen kann und Ihre Bemühungen in die richtige Richtung lenkt. Um in der oben angeführten Metapher zu bleiben: Sie brauchen dann einen Straßenbautechniker, der Ihnen zeigt, welche Möglichkeiten es gibt, die Straße zu reparieren. Die Reparaturen müssen Sie natürlich selbst durchführen; ein anderer kann das nicht für Sie tun. Eines der Werkzeuge dafür sind Ihre Affirmationen. Aber wahrscheinlich brauchen Sie noch weitere.

Achten Sie bei der Auswahl professioneller Unterstützung immer auf die Qualifikation, die Erfahrung und die Methode, die für das Coaching, die Beratung oder die Psychotherapie angewendet werden soll. Es ist nur dann sinnvoll, sich auf eine Behandlung einzulassen, wenn man dabei auch ein gutes Gefühl hat.

Genauso wichtig wie die Methode ist die Person des Therapeuten. Denn psychologisches Coaching oder eine Psychotherapie funktionieren nur, wenn die Beziehung zwischen Ihnen und dem Coach/Psychotherapeuten passt. Sie müssen dem Menschen vertrauen können und sich bei ihm sicher und respektiert fühlen. Wenn dieses Vertrauen fehlt oder wenn Sie das Gefühl haben, bei diesem Behandler nicht alles sagen zu können, dann ist das ein ernstes Warnsignal, das wahrscheinlich bedeutet, dass dies nicht der richtige Therapeut für Sie ist. Professionelle Coaches, Psychologen oder Psychotherapeuten bieten immer ein unverbindliches Erstgespräch an. Nutzen Sie diese Gelegenheit, um für sich herauszufinden, **ob Sie auch wirklich ein gutes Gefühl bei der Person haben.**

> *Die größte Ehre, die man einem Menschen antun kann, ist die, dass man zu ihm Vertrauen hat.*
>
> *Matthias Claudius*

Professionelle Unterstützung

Wenn Sie professionelle Unterstützung in Anspruch nehmen wollen, eignen sich folgende Therapiemethoden, um Ihnen beim Ablegen negativer Glaubenssätze bzw. beim Verankern von Affirmationen zu helfen:

Kognitive Verhaltenstherapie

Die kognitive Verhaltenstherapie (KVT) geht davon aus, dass belastende Erlebens- und Verhaltensweisen – beispielsweise aufgrund von Erfahrungen mit wichtigen Bezugspersonen oder einschneidender Erlebnisse – im Verlauf der Lebensgeschichte erworben bzw. erlernt und durch ungünstige Reaktionen aufrechterhalten werden.[35] Dabei stellt die kognitive Verhaltenstherapie die sogenannten Kognitionen des Patienten in den Mittelpunkt. **Kognitionen sind Denkweisen, Einstellungen, Überzeugungen und vom Patienten verinnerlichte Meinungen und Glaubenssätze,** die seine Wahrnehmung und sein Verhalten prägen. Die kognitive Verhaltenstherapie hilft dem Patienten, sich seiner Kognitionen bewusst zu werden und zu lernen, sie zu hinterfragen und auf ihren Wahrheitsgehalt zu überprüfen. Irrationale Einstellungen können so korrigiert werden, und der Patient wird in die Lage versetzt, ein neues Selbstbild zu gewinnen. Das wiederum wirkt sich positiv auf seine Wahrnehmungen, sein Verhalten und seine Beziehungen zu anderen Menschen und zu seiner Umwelt aus.

In der kognitiven Verhaltenstherapie stehen Therapeut und Patient einander gleichberechtigt gegenüber. **Der Patient ist schließlich der „Experte" für seine eigenen Denkweisen.** Er kennt seine inneren Glaubenssätze, weiß am ehesten, wie er dazu gekommen ist und ob sie ihm guttun oder schaden. Hauptaufgabe des Therapeuten bei der kognitiven Verhaltenstherapie ist zunächst das einfühlsame Zuhören und das behutsame, aber gleichwohl kritische und konstruktive Hinterfragen dessen, was der Patient ihm gegenüber als seine inneren Überzeugungen und als seine Meinung über sich selbst und die Welt äußert. Gemeinsam suchen Patient und Therapeut nach anderen, gesünderen Denkansätzen.

Ziel der Therapie ist unter anderem, den Patienten zum Experten für die eigenen Störungen zu machen. Der Therapeut versucht also, die Mechanismen, die hinter einem Problem stehen, zu verdeutlichen und gemeinsam mit dem Patienten Lösungsmöglichkeiten zu erarbeiten. In diesem Sinn wird die KVT häufig als **„Hilfe zur Selbsthilfe"** beschrieben. Der Patient ist aktiv am therapeutischen

---

[35] Mehr Infos zur KVT unter: www.dgvt.de oder www.oegvt.at (letzte Zugriffe: 04.05.2020).

Prozess beteiligt. Er weiß, was in der Psychotherapie passiert und warum.

Die kognitive Verhaltenstherapie ist ein bewährtes und sehr wirksames Verfahren vor allem bei Erkrankungen wie Depressionen, Zwangsstörungen, Angststörungen (besonders bei Phobien und generalisierter Angststörung) und verschiedenen Formen der Essstörungen.[36] Diese Erkrankungen beruhen nämlich sehr oft auf falschen und irrealen Meinungen und Glaubenssätzen wie *„Die Welt ist ein gefährlicher Ort!“*, *„Ich bin dumm!“*, *„Niemand liebt mich!“* oder *„Ich bin nur liebenswert mit einem makellosen Körper!“*. Außerdem hilft die kognitive Verhaltenstherapie bei allen Erkrankungen, die mit einem gestörten Selbstbild und Selbstwertgefühl einher gehen.

Achte auf Deine Gedanken, denn sie werden Worte.
Achte auf Deine Worte, denn sie werden Handlungen.
Achte auf Deine Handlungen, denn sie werden Gewohnheiten.
Achte auf Deine Gewohnheiten, denn sie werden Dein Charakter.
Achte auf Deinen Charakter, denn er wird Dein Schicksal.

Talmud

Schematherapie

Die Schematherapie ist eine innovative Weiterentwicklung der kognitiven Verhaltenstherapie, um besser mit den emotionalen Strukturen arbeiten zu können, die seit der Kindheit eingeprägt werden und das Verhalten unbewusst steuern.[37] Sie **verbindet**

---

[36] Buchempfehlung: Stavemann (1999) Emotionale Turbulenzen: Kognitive Verhaltenstherapie von Angst, Aggression, Depression und Verzweiflung. Beltz Verlag.

[37] Mehr Infos zur Schematherapie unter: www.schematherapysociety.org oder www.institut-avm.at (letzte Zugriffe: 05.05.2020) oder in: Roediger, Eckhard (2015) Raus aus den Lebensfallen: Das Schematherapie-Patientenbuch. Junfermann Verlag.

Elemente aus verschiedenen Therapierichtungen (beispielsweise aus der Gestalttherapie, dem Psychodrama und der Hypnotherapie) sowie aktuelle Erkenntnisse der Neurobiologie in einem stimmigen Therapiemodell mit strukturiertem Vorgehen. Die Schematherapie bezieht sich dabei nicht nur auf aktuelle Probleme, sondern auch auf deren Entstehungsgeschichte, die überwiegend in der Kindheit und Jugend zu finden ist. Jeder Mensch entwickelt in seiner Kindheit Konzepte **(Schemata)** von sich selbst, von anderen und der Welt. Diese Schemata sind die Grundlage dafür, wie er später mit den verschiedenen Situationen im Erwachsenenleben umgeht. **Ein Schema ist demnach ein meist in der Kindheit entwickeltes Muster, das aus Erinnerungen, Gefühlen, Gedanken (destruktiven Glaubenssätzen) und Körperempfindungen besteht.** Ein Schema enthält beispielsweise das anhaltende Gefühl von Minderwertigkeit, das konstante Gefühl, nie zu genügen, oder die Überzeugung, besonders viel leisten zu müssen, um gewisse Standards zu erreichen. Schemata sind biologisch tief in uns verankert. Sie steuern unser Denken, Fühlen und Handeln wie ein Autopilot.

Sobald der Geist auf ein Ziel gerichtet ist, kommt ihm vieles entgegen.

Johann Wolfgang von Goethe

In der Behandlung geht es zunächst darum, die durch bestimmte Trigger ausgelösten automatischen Reaktionsmuster (in der Fachsprache die maladaptiven Bewältigungsmodi) zu identifizieren und im lebensgeschichtlichen Kontext einzuordnen. Im nächsten Schritt lernt der Patient, wie er aus diesen automatisierten Reaktionsmustern aussteigen kann, um diese durch neue, gesündere Bewältigungsstrategien zu ersetzen. Dabei geht es auch darum, die alten Glaubenssätze abzulegen und gegen neue auszutauschen.

EMDR

Das Kürzel EMDR steht für **„Eye Movement Desensitization and Reprocessing“**, auf Deutsch ungefähr: Desensibilisierung und Aufarbeitung durch Augenbewegungen. Diese psychotherapeutische Methode wurde 1987 von Dr. Francine Shapiro in Kalifornien entwickelt.[38] Ursprünglich getestet und entwickelt für die effiziente Bearbeitung von traumatischen Erlebnissen, hat EMDR inzwischen eine Vielzahl von Anwendungen erfahren – insbesondere in der effizienten **Behandlung von Angst- und Selbstwertstörungen, Panikattacken, Phobien und Leistungsblockaden.** Charakteristisch für die Therapie ist die bilaterale Stimulation in Form von Augenbewegungen. Wie in der REM-Phase im Traumschlaf bewegen sich die Augen, die durch Handbewegungen des Therapeuten „geführt“ werden, schnell hin und her. Diese bilaterale Stimulation kann auch durch akustische oder taktile Reize wie das sogenannte Tappen, umgangssprachlich als Klopfen bezeichnet, erfolgen. Der Kern des EMDR-Prozesses besteht also in einer Links-rechts-Stimulation mit dem Ziel, die **Kommunikation der beiden Gehirnhälften anzuregen.** Durch die gleichzeitige Konzentration des Patienten auf das innere Erleben und den äußeren Reiz wird er im Hier und Jetzt gehalten.

Um sich den Ablauf einer EMDR-Sitzung zu verdeutlichen, können Sie sich folgende **Metapher** vorstellen: Sie sitzen im Zug und lassen die Landschaft an sich vorbeiziehen. Sie beobachten aus einer sicheren Position, was auftaucht. Dabei können Sie an jedem Punkt entscheiden, ob Sie die Notbremse ziehen, an der nächsten Station aussteigen oder bis zum Zielbahnhof weiterfahren. Durch diese Haltung wird dem Patienten ermöglicht, sich auf seinen inneren Prozess einzulassen, ohne von belastenden Gefühlen überschwemmt zu werden. **Bei der EMDR-Behandlung wird die ursprüngliche**

---

[38] Mehr Infos zu EMDR unter: www.emdria.de oder www.emdr-netzwerk.at oder www.emdr-ch.org (letzte Zugriffe: 06.05.2020).

negative Kognition (Glaubenssatz), die mit der belastenden Erfahrung verknüpft ist, bearbeitet und eine positive Kognition (Affirmation) aufgebaut.

> *Die eigentliche Ursache für unser Leiden liegt gewöhnlich darin, WIE unsere Erinnerungen an frühere Ereignisse im Gehirn abgespeichert worden sind – und genau das können wir verändern.*
>
> *Francine Shapiro*

Hypnose

Um Affirmationen im Unterbewussten zu verankern, kann beim Verankerungsprozess eine bilaterale Stimulation der beiden Hirnhälften die Verarbeitung unterstützen. Eine solche Stimulation entsteht zum Beispiel in einer ausreichend tiefen Hypnose. **Ein Merkmal der Hypnose ist, in Trance das Bewusstsein zu umgehen.** Dadurch kann eine weitgehend störungsfreie Kommunikation mit dem Unterbewusstsein ohne direkte Konfrontation mit dem Kontrollzentrum des Bewusstseins stattfinden. So können störende Bewertungen, Blockaden, Ängste und Gewohnheiten während der Hypnose umgangen werden. In der sogenannten **Suggestivhypnose** wird mittels individueller Suggestionen daran gearbeitet, dem Patienten ein positiveres Selbstbild zu vermitteln oder ihn in seiner Zielerreichung bzw. in seinem Veränderungswunsch zu unterstützen.

Suggestive Hypnoseverfahren arbeiten hauptsächlich mit emotionell besetzten Bildern und/oder Situationen. Über Sprache vermittelte Suggestionen dringen dabei tief in das Unbewusste ein und fördern oder initiieren dort Heilungs- oder Veränderungsprozesse. Die Suggestivhypnose eignet sich zur Behandlung von gut abgrenzbaren Störungen des Verhaltens und des Empfindens von emotionalen Belastungssituationen, zum Beispiel Angststörungen, Phobien, Essverhaltensstörungen, Nikotinsucht,

Flugangst, Prüfungsangst, Stresssituationen oder depressiven Episoden. Die Suggestivhypnose lässt sich auch sehr gut einsetzen, um beruflichen und persönlichen Erfolg zu erzielen und zu steigern.[39]

> *Am Ende wird alles gut! Und wenn es noch nicht gut ist, ist es noch nicht das Ende.*
>
> *Oscar Wilde*

Autogenes Training

Eine besonders wirksame Methode, Ihren Affirmationen Kraft zu geben und sie in Ihrem Unterbewusstsein zu verankern, ist das autogene Training. Die vom deutschen Nervenarzt Johannes Heinrich Schultz entwickelte Entspannungsmethode wird als **Form der Selbsthypnose** verstanden und hat direkten Einfluss auf das vegetative Nervensystem. Das autogene Training wird auch bei Angst- und Stresserkrankungen, Verspannungszuständen sowie bei körperlichen Beschwerden wie zum Beispiel Migräne, Herz-Kreislauf-Erkrankungen und Krankheiten des Magen-Darm-Traktes sehr erfolgreich angewendet.Durch die Wiederholung von Gedankenformeln werden Körper und Psyche insofern beeinflusst, als dass dadurch ein tiefer Entspannungszustand entsteht. Wenn der Entspannungszustand am höchsten ist, können persönliche Affirmationen eingebaut werden. Studien zeigen, dass diese **„formelhafte Vorsatzbildung“**, so der Fachbegriff, am besten bei psychosomatischen Krankheiten wirkt. Wer also unter Dauerstress steht und mit der Zeit zu hohen Blutdruck, Magen- und Darmprobleme oder Spannungskopfschmerzen entwickelt, kann sich mit dieser Methode selbst helfen. Auch bei der Raucherentwöhnung und anderen Bemühungen, sich selbst zu

---

39 Info z. B. unter: https://www.hypnose-fachverband.de/ (letzter Zugriff: 01.05.2020).

ändern, kann die formelhafte Vorsatzbildung die Umstellung auf neue Gewohnheiten unterstützen. Die Grundstufe des autogenen Trainings (Ruhe, Schwere, Wärme, Atmung) ist mit Büchern, CDs oder Videos im Selbststudium erlernbar.[40] Für die fortgeschrittene Anwendung, in der dann auch mit Affirmationen gearbeitet werden kann, empfehlen wir jedoch eine Ausbildung bei kompetenten Fachleuten.

> *Das Einzige, was zwischen dir und deinem Erfolg steht, ist die Geschichte, die du dir immer wieder erzählst.*
>
> *Anthony Robbins*

Wer das autogene Training lieber gleich von Anfang an mit Unterstützung erlernen möchte, besucht am besten einen Kurs. Die Kurse dauern rund sechs bis acht Wochen mit meist wöchentlichen Einheiten. **Damit die optimale Wirkung erreicht werden kann, ist auch hier regelmäßige Übung besonders wichtig** – anfangs möglichst dreimal täglich. Im Laufe einiger Wochen ist die eigene Entspannungsfähigkeit meist so weit entwickelt, dass die Umschaltung auf Entspannung und Erholung innerhalb weniger Minuten erfolgt.

---

[40] Ein gutes Lehrvideo finden Sie unter: https://www.apotheken-umschau.de/Entspannung/Video-Autogenes-Training-so-gehts-mit-Uebungen-32888.html. Buchtipps: Derra, Claus (1998) Autogenes Training für zwischendurch. Georg Thieme Verlag; Krapf, M./Krapf, G. (2004) Autogenes Training. Springer Verlag.

2.

2.000 Affirmationen

Auf den folgenden Seiten finden Sie rund 2.000 Affirmationen für die unterschiedlichsten Lebensbereiche in alphabetischer Reihenfolge. Wie Sie in dieser Sammlung Ihre ganz persönliche Affirmation finden und für sich anpassen können, erfahren Sie weiter vorn im Kapitel „Eine vorformulierte Affirmation verwenden“.

Frieden und Harmonie

Dankbarkeit

Nicht die Glücklichen sind dankbar. Es sind die Dankbaren, die glücklich sind.

Francis Bacon

Ich bin dankbar und glücklich.

Dankbarkeit macht mich stark.

Ich fühle mich großartig und bin froh und dankbar.

Dankbarkeit erfüllt mein Leben.

Voller Dankbarkeit genieße ich jeden Augenblick.

Ich bin dankbar für meine Möglichkeiten.

Ich bin voller guter, positiver Gedanken und danke dafür.

Ich bin dankbar für meinen Körper.

Ich bin so glücklich und dankbar für meinen wunderbaren Körper.

Ich sehe all die Schönheit um mich herum.

Ich bin dankbar für mein reiches und erfülltes Leben.

Das Leben meint es gut mit mir.

Das Leben unterstützt mich.

Ich nehme mein Leben als Geschenk an.

Ich bin dankbar für alle meine bisherigen Erfahrungen.

Ich nehme mein Leben in Dankbarkeit an.

Ich habe allen Grund, dankbar zu sein.

Ich bin dankbar für meinen guten Job.

Ich bin dankbar und glücklich, weil ich gesund bin.

Ich bin dankbar für alles.

Ich bin dankbar für meine Talente und Begabungen.

Es ist schön, dass ich danken kann.

Ich bin dankbar für mein Leben.

Ich bin dankbar für meine Gesundheit (meinen Körper, ...).

Ich bin dankbar für meinen Partner (meine Familie, meine Kinder, ...).

Dankbarkeit macht mich zufrieden.

Ich bin dankbar und in Frieden mit meinem Leben.

Dankbarkeit durchströmt meinen Körper.

Ich strahle Dankbarkeit und Zufriedenheit aus.

Ich bin dankbar für all die Liebe in meinem Leben.

Ich bin dankbar und zufrieden, dass ich so gesund bin.

Ich bin dankbar, in einer so harmonischen Beziehung zu leben.

Ich bin dankbar und voller Liebe für meine Familie.

Das Leben ist schön und voller Liebe, und dafür danke ich.

Ich bin dankbar dafür, dass ich das Geschenk des Lebens erhalten habe.

Danke, dass es mir so gut geht.

Ich bin dankbar dafür, dass ich so bin, wie ich bin.

Ich bin dankbar für die Möglichkeit, mich weiterzuentwickeln.

Je mehr ich danke, umso mehr empfange ich.

Ich bin meinen Eltern sehr dankbar dafür, dass sie mir das Geschenk des Lebens gemacht haben.

Ich bin dankbar für die Fülle und den Reichtum in meinem Leben.

Ich bin dankbar für die Zeit, die ich mit ... verbringen kann.

Ich verspüre Dankbarkeit und Zufriedenheit.

Ich bin dankbar für meine Freunde.

Ich bin dankbar für die Hilfe, die ich erhalte.

Glaube und Spiritualität

Die verstehen sehr wenig, die nur das verstehen, was sich erklären lässt.

Marie von Ebner-Eschenbach

Mein Glaube ist stark und mächtig.

Mein Glaube versetzt Berge.

Mein Glaube an das Gute wandelt Möglichkeit in Wirklichkeit.

Mein Glaube beflügelt mich.

Ich vertraue der Weisheit des Lebens.

Im Atmen verbinde ich Körper, Geist und Seele.

Gott ist mit mir, frei beschreite ich meinen Weg.

Ich ziehe alle Kräfte an, die mir helfen, mein Ziel zu erreichen.

Mein Glaube gibt meinem Leben Sinn.

Ich lasse mich jetzt ganz auf den göttlichen Plan für mein Leben ein.

Ich bin erfüllt von Glauben und Zuversicht.

Durch den Geist Gottes erkenne ich, was zu tun ist.

Ich bitte um höhere Führung und empfange sie.

Ich bin offen für alle Geschenke des Geistes.

Ich glaube an mich selbst und an meine Fähigkeiten.

Mein Glaube hilft mir in jeder Lebenssituation.

Ich achte auf meine intuitive Führung.

Mein Glaube bewirkt Wunder.

Ich erkenne die göttliche Kraft in mir und lasse mich von ihr leiten.

Ich bin froh und heiter, Gott ist mein Begleiter.

Ich glaube an mein grenzenloses Potenzial.

Alles ist gut in meinem Leben; ich bin gesegnet.

Ich bin von Gottes Liebe erfüllt.

Ich lebe jeden Tag so, als ob es der letzte wäre.

Ich habe die Gabe eines festen und starken Glaubens.

Ich bin mir selbst und anderen treu.

Mein starker Glaube ist mir ein festes Fundament.

Ich glaube an mich und meinen Weg.

Ich glaube an mich und meine großartigen Fähigkeiten.

Mein Glaube führt mich zum Guten.

Mein starker Glaube bringt mir ständigen Frieden und Freude.

Ich glaube an Gott und all die Liebe, die er schenkt.

Ich bin mit meinem inneren Seelenkern verbunden.

Durch meine positiven Gedanken stärke ich meinen Glauben.

Mein starker Glaube ist die Kraft in meinem Leben.

Durch meinen starken Glauben erreiche ich alles.

Es fällt mir leicht, zu glauben.

Ich weile in der Gegenwart der Liebe Gottes.

Ich konzentriere mich immer auf das Gute und Schöne.

Mit meinem Glauben verändere ich die Dinge zum Guten.

Mein Glaube macht mich heil und gesund.

Durch meinen Glauben erreiche ich meine Ziele.

Mein Glaube befähigt mich, ein besserer Mensch zu sein.

Ich danke für die Wunder, die in meinem Leben geschehen.

Mit den Augen des Glaubens sehe und fühle ich meine wunderbare Zukunft.

Ich bin ein spirituelles Wesen, das Licht und Liebe ausstrahlt.

Ich richte mich nach meiner inneren Führung, nach meinem Gewissen.

Ich bin immer mit meinem höheren Selbst verbunden.

Ich sehe die Wunder in meinem Leben.

Jede Erfahrung bringt mich näher zu Gott.

Mein Glaube führt mich zu meinem Ziel.

Ich bin eins mit meiner inneren Quelle der Kraft, und Freude begleitet mein Leben.

Gott liebt mich über alles und hört mir zu.

Voller Kraft gehe ich meinen Weg.

Ich glaube daran, dass mir Gutes widerfährt.

Ich werde jeden Tag göttlich vom Universum geleitet.

Ich bin eins mit meinem inneren Kind.

Ich bin immer mit meinem ewigen Geist verbunden.

Mein Glaube an alles Gute wird von Tag zu Tag stärker.

Mein Glaube gibt mir Halt und macht mich stark.

Mein Schutzengel ist immer an meiner Seite.

Ich glaube, hoffe und liebe.

Ich weiß, dass Gott mich liebt und mich sicher durch mein Leben führt.

Ich bin mit Gott verbunden.

Mein Verstand und mein Geist sind eins.

Ich fühle göttliches Wohlbefinden und Frieden durch meinen Körper fließen.

Ich erkenne den Sinn meines Lebens.

Gott begleitet mich durch alle Veränderungen; er führt, schützt und leitet mich auf meinen Wegen.

Gottes Wege sind wunderbar.

Ich erschaffe meine eigenen Wunder.

Von Tag zu Tag wird mein Glaube stärker.

Glück

Leben ist schon Glück.

Manfred Hinrich

Das Glück ist immer mit mir.

Ich bin glücklich.

Ich tue Dinge, die mich glücklich machen.

Ich wache jeden Morgen auf und bin glücklich.

Ich bin voller Glück und positiver Energie.

Ich strahle Glück, Freude und Schönheit aus.

Mich glücklich zu fühlen, ist mein göttliches Recht.

Ich gelange in Situationen, die mich glücklich machen.

Ich verdiene es, glücklich zu sein.

Frohe und glückliche Gedanken durchströmen meinen Körper.

Ich entscheide mich bewusst, glücklich zu leben.

Es ist okay, glücklich zu sein.

Ich bemühe mich täglich, zum Glück anderer beizutragen.

Ich bin glücklich und gesund.

Mein Leben ist glücklich und fröhlich.

Glückliche, positive Gedanken ziehen glückliche, positive Erfahrungen in meinem Leben an.

Ich bin fröhlich; es geht mir gut.

Ich liebe es, mich glücklich zu fühlen.

Ich habe eine optimistische Lebenseinstellung.

Meine Seele vibriert vor Freude und Glück.

Ich werde jeden Tag glücklicher.

Ich bin umgeben von glücklichen, optimistischen Menschen.

Ich beschließe, meine Glückseligkeit anzustreben.

Ich bin eine glückliche Person.

Ich nehme mir immer Zeit, um Freude zu erleben.

Ich lächle die Leute an und bin freundlich.

Ich bin glücklich und zufrieden mit meinem Leben.

Ich bin glücklich und dankbar für alles, was ich in meinem Leben habe.

Ich bin glücklich und dankbar für jeden Menschen in meinem Leben.

Ich verbreite Glück.

Ich bin sehr glücklich darüber, ich zu sein.

Ich umarme das Glück voller Liebe und Dankbarkeit.

Ich genieße es, zu lachen und Spaß zu haben.

Mein Leben ist voller Freude und Glück.

Ich verbringe meine Tage glücklich und zufrieden.

Ich finde Freude und Glück in den einfachen Dingen des Lebens.

Ich mache andere Menschen glücklich.

Ich finde immer Gründe, glücklich zu sein.

Ich weiß, dass Glück eine Wahl ist, und ich entscheide mich dafür.

Wahres Glück kommt von innen.

Ich liebe es, meine Freude und mein Glück mit anderen zu teilen.

Gut schlafen

Es gibt keinen größeren Genuss auf Erden als den Schlaf, wenn man schlafen will.

Anton Tschechow

Ich schlafe ruhig und wache morgen früh erholt auf.

Entspannt lasse ich den Tag hinter mir.

Ich atme tief und ruhig und spüre bereits vor dem Schlaf die Ruhe in mir.

Ich schlafe schnell ein und schlafe tief, ruhig und fest.

Friedlich gleite ich in den Schlaf.

Ich habe mir meine Nachtruhe redlich verdient.

Ich schlafe sicher und friedvoll.

Mein Schlaf ist friedvoll und erholsam.

Mein Bett gibt mir ein Gefühl von Geborgenheit.

Mein Schlaf erfrischt und erneuert mich.

Ich bin mit gutem Schlaf gesegnet.

Nach jedem Schlaf bin ich ausgeruht und leistungsfähig.

Jede Zelle meines Körpers wird im Schlaf mit neuer Energie versorgt.

Ich liebe es, abends rechtzeitig zu Bett zu gehen.

Ich freue mich auf meinen Schlaf.

Mein Schlaf hält die ganze Nacht über an.

Ich lasse mich tief in meinen Schlaf fallen.

Während des Schlafs finde ich absolute Erholung.

Mein höheres Selbst ist die ganze Nacht bei mir und beschützt mich.

Im Schlaf regenerieren sich alle Zellen meines Körpers.

Ein Gefühl der Schwere und Entspannung hilft mir, einzuschlafen.

Ich kann (darf) schlafen.

Schlaf erneuert meine Energien.

Ich schlafe tief und fest.

Ich habe einen ganz natürlichen Schlaf.

Ich schlafe völlig entspannt und erwache mit neuer Kraft und Vitalität.

Mein Schlaf ist Ruhe.

Schlafen ist gesund und erholsam.

Ich genieße den erholsamen Schlaf.

Ich genieße meinen Schlaf.

Meine Träume sind harmonisch und helfen mir, gesund zu bleiben.

Ich sorge dafür, dass ich immer ausreichend schlafe.

Ich schlafe friedvoll.

Jeden Abend, wenn ich zu Bett gehe, spüre ich (die) Harmonie und Ruhe in mir fließen.

Vor dem Schlafengehen lege ich alles Belastende ab.

Ich schlafe gut und erwache fit und erfrischt.

Ich lasse los, gebe Kontrolle ab und freue mich auf das Geschenk des neuen Tages.

Ich bin so dankbar für meinen guten (erholsamen, tiefen) Schlaf.

Ich schlafe gelassen ein, und beim Schlafen fallen sofort alle Sorgen von mir ab.

Ich kann herrlich durchschlafen und genieße es.

Ich halte mich an meinen Schlafrhythmus.

Ich schlafe durch.

Ich schlafe leicht und natürlich ein.

Innerer Frieden

Der innere Friede ist das Ziel bewusster Lebensführung.

Dr. Joshua Loth Liebmann

Ich wähle Frieden und Ruhe.

Die Menschen um mich herum fühlen sich friedlich und ruhig.

Ich bin eine ruhige, entspannte Persönlichkeit.

Ich handle in jeder Situation ruhig und friedlich.

Ich bin ein Garant für Frieden und Gelassenheit.

Meine Innenwelt und meine Außenwelt sind im Gleichgewicht.

Ich lasse jede Sorge los und vertraue darauf, dass alles gut wird.

Ich fühle mich friedlich und entspannt.

Ich habe ein friedliches Zuhause.

Ich vertraue auf den Prozess des Lebens.

Ich bin in Frieden.

Ich spüre Frieden und Harmonie.

Gefühle des Friedens und der Ruhe strömen durch meinen Körper.

Mein Geist ist ruhig und friedlich.

Ich atme Frieden und Harmonie ein.

Gefühle der Ruhe und Entspannung energetisieren meinen Körper.

Mein inneres Kind ist zentriert und in Frieden.

Ich lebe in Frieden mit meiner ganzen Familie und meinen Freunden.

Ein friedliches Gefühl durchdringt mich.

Ich finde jeden Tag Zeit, meinen Geist zu beruhigen.

Ich fühle mich jeden Tag friedlicher.

Ich lasse Frieden und Gelassenheit in allen Bereichen meines Lebens zu.

Ich lebe in Frieden mit meiner Vergangenheit.

Ich fühle mich jeden Tag zufriedener.

Ich fühle mich sehr wohl, mir geht es gut.

Ich bin mit Seelenfrieden gesegnet.

Frieden und Harmonie umgeben und beschützen mich.

Mein Körper fühlt sich vollkommen wohl.

Mein Leben ist gesegnet mit Frieden und Gelassenheit.

Mein Geist ist voller friedlicher Gedanken.

Leben

Zeit ist Leben, und das Leben ist Zeit.

Unbekannt

Ich liebe das Leben und all die Freude, die es bringt.

Ich danke Gott, dass er mir das kostbare Geschenk des Lebens gemacht hat.

Mein Leben ist erfüllt von Glück und Freude.

Mein Leben ist einfach und leicht.

Mein Leben ist voller positiver Situationen.

Jeder Moment in meinem Leben ist von großer Freude erfüllt.

Mein Leben wird jeden Tag in jeder Hinsicht besser und besser.

Jeden Tag macht mein Leben mehr Spaß.

Ich schätze mein wunderbares Leben.

Ich umarme das Leben.

Mein Leben ist ein freudvolles Abenteuer.

Mein Leben ist eine Reise durchs Glück.

Mein Leben ist voller freudiger Überraschungen.

Ich führe ein glückliches Leben.

Ich genieße das Leben in vollen Zügen.

Ich liebe das Leben, und das Leben liebt mich.

Ich erkenne, dass mein Leben einen wahren Sinn hat.

Ich habe den tiefsten Respekt und die Liebe zum Leben.

Ich schaffe mir ein glückliches Leben.

Ich lebe das Leben meiner Träume.

Mein Leben ist voller positiver, erfolgreicher, glücklicher Menschen.

Lebensfreude

Jeder Tag, an dem du nicht lächelst, ist ein verlorener Tag.

Charlie Chaplin

Jeder Tag bringt mir große Freude.

Mein Leben erfüllt mich mit Freude.

Ich freue mich über jeden neuen Tag.

Ich bin voller Kraft und Lebensfreude.

Ich fühle mich sehr wohl.

Ich habe ein fröhliches Gemüt.

Leicht und frei fließe ich mit dem Leben.

Ich bin voller Lebensenergie.

Jeder Tag ist besonders, und ich genieße ihn.

Ich öffne mich für Freude, Energie und Gesundheit.

Ich ziehe das Gute mit meiner positiven Energie an.

Ich habe alles, was ich brauche.

Ich bin voller Lebensfreude und genieße mein Leben in jedem Augenblick.

Freude erfüllt mein Leben.

Wellen voller Energie und Liebe durchfluten meinen Körper.

Was ich unternehme, erfüllt mich mit Freude.

Ich öffne mich der Schönheit des Lebens.

Ich spüre und genieße meine Vitalität.

Ich lebe im gegenwärtigen Moment und genieße ihn voll und ganz.

Ich bin voller Kraft und Lebensfreude.

Ich bin ein Meister der Lebensfreude.

Ich erkenne die Schönheit in allem, was ist.

Ich bin stets Sender froher Gedanken.

Ich freue mich auf jeden Tag.

Ich bin froh und heiter, denn dann geht das Leben gut weiter.

Ich nehme mir Zeit für die wesentlichen Dinge in meinem Leben.

Ich lache, weil ich glücklich bin und in allem das Schöne sehe.

Ich gebe jedem Tag die Chance, der schönste meines Lebens zu werden.

Alles ist gut.

Ich verspüre Frieden, Harmonie und Lebensfreude.

Ich stelle mich den Herausforderungen in meinem Leben.

Ich bin gelassen, zufrieden und ruhig.

Ich bin fröhlich und optimistisch.

Ich mache aus jedem Tag einen guten Tag.

Ich verdiene das Gute im Leben.

Das Leben begeistert mich jeden Tag aufs Neue.

Ich spende Kraft und Lebensfreude.

Ich spüre meine Kraft täglich neu.

Freude durchströmt mich mit jedem Atemzug.

Ich habe große Freude an kleinen Ereignissen.

Jeder Tag ist eine schöne Überraschung.

Jeden Tag bereite ich jemandem eine Freude.

Das Leben ist schön; ich liebe es.

Das Leben bereitet mir Freude.

Ich bin glücklich.

Mein Energiehaushalt ist ausgeglichen.

Ich lebe gemäß meiner Idealvorstellung.

Ich entscheide mich dafür, dass dies ein guter Tag ist.

Ich bin voller Liebe, Licht und Lachen.

Ich bin strahlende Lebenskraft.

Ich erfreue mich an kleinen Ereignissen.

Mein Leben ist voller Licht und Freude.

Ich erwarte nur das Beste vom Leben.

Alle Dinge dienen meinem Besten.

Ich behandle jeden wohlwollend und zuvorkommend.

Ich bin begeistert, froh und glücklich; ich liebe das Leben.

Sicherheit

Die Bedrohung ist überall, die Sicherheit nur in mir.

Monika Schmiderer

Ich fühle mich sicher und geborgen.

Ich vertraue auf das Universum, das mich in Sicherheit bringt.

Ich fühle mich göttlich beschützt in der Welt.

Ich bin jederzeit sicher und geborgen.

Ich fühle mich sicher und beschützt.

Ich bin erfüllt von Gefühlen der Sicherheit und der Geborgenheit.

Meine Familie und mein Zuhause sind sicher und geschützt.

Mein Geist und mein Glaube behüten und beschützen mich.

Mein inneres Kind fühlt sich sicher und geborgen.

Ich sehe mich jeden Tag sicher auf dem Weg zur Arbeit und zurück.

Das Leben liebt und unterstützt mich und gibt mir Sicherheit.

Die Welt ist ein sicherer Ort.

Ich fühle mich geborgen.

In meiner Welt ist alles in Ordnung.

Vertrauen

Das wirkungsvollste Vertrauen ist das Vertrauen in sich selbst.

Willy Meurer

Ich vertraue auf das Wunder des Lebens.

Ich lasse los und vertraue dem Universum.

Ich vertraue auf die Kraft der Liebe.

Ich vertraue meiner Intuition.

Ich vertraue meinen Sinnen.

Ich habe Vertrauen in mich und mein Leben.

Ich vertraue darauf, dass das Universum die richtigen Menschen in mein Leben bringt.

Ich bin voller Zuversicht.

Ich bin überzeugt, dass alle Dinge meinem Besten dienen.

Voller Vertrauen und Zuversicht nehme ich alles Gute an.

Ich vertraue auf den Prozess des Lebens.

Ich vertraue anderen Menschen.

Ich vertraue meinem Partner und lasse jegliche Eifersucht los.

Ich vertraue darauf, dass alles gut wird.

Ich habe ein vertrauensvolles, liebevolles Wesen.

Ich habe treue, vertrauenswürdige Freunde.

Ich bin offen für die großen und kleinen Wunder des Lebens.

Ich bin eine von Natur aus vertrauensvolle Person.

Ich werde von Tag zu Tag vertrauensvoller.

Meine vertrauensvolle Natur gewährt mir, mich frei und lebendig fühlen.

Ich erlaube mir, anderen zu vertrauen.

Es lassen sich Lösungen für alle Probleme finden.

Es ist in Ordnung, nicht zu wissen, wie es weitergeht, aber es gibt einen Weg für mich.

Körper

Anti-Aging

> *Das beste Anti-Aging-Programm ist – sich nicht mehr zu ärgern.*
>
> *Hermann Lahm*

Ich bin voller Energie und Vitalität.

Ich fühle mich von Tag zu Tag immer attraktiver.

Ich habe jugendliche Haut.

Ich gebe meinem Körper die richtige Nahrung in der richtigen Menge und erlebe jugendliche Energie und Freude.

Mein Körper ist Freude und Jugend.

Die Zellen meines Körpers erneuern und regenerieren sich in jedem Augenblick.

Ich liebe meinen wunderbaren Körper.

Ich bin jung und dynamisch.

Meine Gesichtsmuskeln sind straff und prall.

Ich bin attraktiv und begehrenswert.

Ich liebe mein jugendliches Aussehen.

Ich pflege mein jugendliches Aussehen, indem ich positive Gedanken denke.

Meine Haut ist strahlend.

Mein Körper ist ein schöner Tempel.

Ich lasse Komplimente zu und genieße sie.

Ich bin schön, glücklich und zuversichtlich.

Meine Augen sind hell und klar.

Mein Sehvermögen ist von Natur aus stark und gesund.

Ich sehe für mein Alter erstaunlich gut aus.

Ich genieße es, ein jugendliches Aussehen zu haben.

Ich bekomme immer Komplimente dafür, wie jung ich aussehe.

Mein Körper ist gesund und stark.

Meine Organe sind gesund und stark.

Ich fühle mich jeden Tag jung und stark.

Die Zellen meines Körpers regenerieren sich jeden Tag.

Meine Gelenke fühlen sich stark und gesund an.

Meine Hormonwerte sind ausgeglichen.

Ich fühle mich hübsch und sexy.

Ich bin glücklich mit meinem Aussehen.

Gesundheit

> *Die besten Doktoren sind der Doktor Ernährung, der Doktor Stille und der Doktor Fröhlichkeit.*
>
> *Jonathan Swift*

Alle Organe meines Körpers funktionieren perfekt.

Jeden Tag in jeder Hinsicht fühle ich mich immer gesünder.

Ich bin gut zu meinem Körper, und mein Körper ist gut zu mir.

Ich liebe und schätze meinen Körper und behandle ihn entsprechend.

Ich schätze meinen gesunden Körper sehr.

Jeder Teil von mir ist mein Freund.

Ich bin so dankbar für meinen gesunden Körper.

Ich bin im Fluss mit dem Rhythmus meines Körpers.

Ich regeneriere mich jetzt vollständig.

Ich fühle mich sehr wohl (gut, ausgezeichnet, ...).

Ich bin gesund und strahle Gesundheit aus.

Ich sorge gut für meinen Körper.

Ich bin kerngesund.

Gesundes, nahrhaftes Essen gibt mir Energie und Gesundheit und hält mich im Gleichgewicht.

Ich gebe meinem Körper die Möglichkeit, optimal zu funktionieren.

Ich bin es wert, gesund zu sein.

Mein Körper schenkt mir Wohlbefinden und Gesundheit.

Ich genieße es, fit zu sein.

Ich sage Ja zu meinem Körper.

Ich achte auf die Signale meines Körpers.

Ich liebe und akzeptiere mich genau so, wie ich bin.

Ich verdiene es, gesund und stark zu sein.

Ich bin meinem Körper dankbar für die wundervollen Dienste, die er täglich leistet.

Jede Zelle meines Körpers freut sich über meine positive Einstellung.

Ich liebe und pflege meinen Körper.

Ich genieße meinen gesunden Körper.

Ich öffne mich der Gesundheit.

Mein Körper ist heil, gesund und dynamisch.

Ich fühle mich in jedem Augenblick mit meinem Körper verbunden.

Ich halte meinen Körper gesund, indem ich eine positive Einstellung habe.

Ich liebe meinen Körper und behandle ihn mit dem Respekt, den er verdient.

Ich sende Liebe und Wertschätzung an alle Zellen meines Körpers.

Mein Körper heilt schnell.

Gesundheit ist ein natürlicher Bestandteil meines Lebens.

Mein Körper ist auf optimale Selbstheilung eingestellt.

Alle Zellen meines Körpers vermehren sich perfekt und gesund.

Mein Körper ist ein Spiegelbild ausgezeichneter Gesundheit.

Mein Körper ist ein Tempel, und ich behandle ihn mit Liebe und Respekt.

Da ich gut für meinen Körper sorge, belohnt er mich mit Wohlbefinden und guter Gesundheit.

Meine Muskeln und Knochen sind stark und gesund.

Ich bin meinem Körper sehr dankbar für die Arbeit, die er tut.

Energie belebt meinen Körper bis in jede Zelle.

Meine Organe funktionieren optimal und leisten gute Arbeit.

Ich bewege mich jederzeit bewusst.

Jeder Atemzug gibt mir neue Energie.

Mein Hormonspiegel ist perfekt ausbalanciert.

Ich konzentriere mich darauf, (wieder) völlig gesund zu sein.

Ich ernähre mich gesund.

Meine Abwehrzellen funktionieren perfekt.

Es ist leicht, einen gesunden Körper zu haben.

Meine Lungen und mein Herz sind gesund und stark.

Mein Geist ist darauf konzentriert, meinen Körper in seiner optimalen Gesundheit zu erhalten.

Ich übe jeden Tag, gesund zu leben.

Ich tue alles, um einen gesunden Körper zu haben.

Jede Zelle in meinem Körper repariert sich und füllt sich mit Leichtigkeit.

Mein Körper ist perfekt und wunderbar.

Ich bin voller Kraft und Energie.

Alle meine Zellen werden optimal mit den notwendigen Nährstoffen versorgt.

Die Zellen meines Körpers erneuern und regenerieren sich in jedem ¡Augenblick.

Beständig sende ich positive Gedanken an jede Zelle meines Körpers.

Körper, Geist und Seele bilden jetzt eine Einheit.

Ich behandle meinen Körper behutsam und liebevoll.

Mein Immunsystem arbeitet optimal.

Mein Immunsystem ist stark.

Ich sende Liebe und Dankbarkeit an meine gesunden Organe.

Jeder Tag optimiert meine Gesundheit.

Frohe Gedanken helfen mir, einen gesunden Körper zu haben.

Ich akzeptiere meinen Körper so, wie er ist.

Ich erlaube mir, jederzeit gesund zu sein.

Ich bin mit reichlich Gesundheit gesegnet.

Ich bin gesund und stark.

Ich habe jederzeit die Kontrolle über meine Gesundheit.

Ich bin gesund und schmerzfrei.

Ich lebe ein erfülltes, gesundes Leben.

Ich genieße meine Gesundheit und meine Energie.

Mein Immunsystem ist stark und effizient.

Ich genieße einen gesunden Lebensstil.

Ich fühle mich stark, ja, ich bin stark.

Ich kümmere mich hervorragend um meinen Körper und meinen Geist.

Ich verstehe und schätze meinen Körper jeden Tag mehr und mehr.

Mein Körper und mein Geist sind ein Spiegelbild vollkommener Gesundheit.

Perfekte Gesundheit vibriert durch jede Zelle meines Körpers.

Ich werde jeden Tag stärker und gesünder.

Mein Organismus ist vollkommen intakt.

Ich spüre die Gesundheit von innen.

Mein Körper verfügt über genügend Abwehrkräfte.

Ich habe ein optimales Abwehrsystem.

Ich wähle immer nahrhafte Lebensmittel, um mein Immunsystem stark und gesund zu halten.

Ich verdaue meine Lebensmittel auf gesunde und effiziente Weise.

Haare und Nägel

> *Haare sind wie junge Mädchen – wenn sie ausgehen wollen, gehen sie aus.*
>
> *Unbekannt*

Ich habe gesundes, glänzendes Haar.

Mein Haar wächst gesund.

Ich liebe mein seidiges, glänzendes Haar.

Mein Haar ist pflegeleicht.

Ich akzeptiere meine Haare so, wie sie sind.

Meine grauen Haare zeigen meine Lebenserfahrung.

Meine natürliche Haarfarbe harmoniert mit meinem Teint.

Meine grauen Haare sind schön.

Ich bin dankbar für meine Locken.

Mein Haar wird jeden Tag länger.

Jeden Tag wird mein Haar seidiger und voller.

Ich bin gesegnet mit schönem, vollem Haar.

Ich bin sehr stolz auf mein Haar.

Ich fühle mich jeden Tag schöner/attraktiver.

Ich verdiene es, fantastisch auszusehen und mich so zu fühlen.

Ich lerne, meine Glatze zu akzeptieren.

Ich stehe zu meiner Glatze.

Meine Haarzellen sind gesund und stark.

Meine Kopfhaut ist gesund und stark.

Ich habe von Natur aus gesundes Haar.

Mein Haar wächst leicht und schnell.

Ich liebe es, mein Haar zu pflegen.

Ich habe weiches, seidiges Haar.

Meine Haare spiegeln meine fröhliche Verfassung.

Mein Haar ist lang, gesund und wächst sehr schnell.

Meine Frisur passt perfekt zu meinem Gesicht.

Meine Kopfhaut wird durch eine gesunde Durchblutung gut ernährt.

Mein Haar wird von Tag zu Tag voller.

Ich bin frei von Nägelkauen.

Ich habe die Macht, mein Nägelkauen zu kontrollieren.

Meine Nägel sind von Natur aus stark.

Meine Fingernägel werden jeden Tag kräftiger.

Meine Fingernägel haben eine schöne Form.

Gewichtsabnahme

Die Vernunft beginnt bereits in der Küche.

Friedrich Nietzsche

Ich glaube an mich selbst und an meine Fähigkeit, Gewicht zu verlieren.

Ich bin motiviert, Gewicht zu verlieren.

Ich esse nur, wenn ich wirklich Hunger habe.

Täglich spüre ich, wie gut mir leichte Speisen tun.

Ich habe immer mehr Spaß an kleinen Portionen.

Ich allein bestimme, was ich esse und wann ich es esse.

Mein Verstand konzentriert sich auf das Abnehmen.

Mein Körper wird jeden Tag schlanker.

Ich freue mich auf mein Idealgewicht.

Ich lasse meinen Ballast los und fühle, wie mein Leben leichter und leichter wird.

Der Verlust von Körperfett ist für mich einfach und mühelos.

Mein Stoffwechsel funktioniert optimal.

Ich esse immer in Maßen.

Ich bin rasch satt.

Ich spüre, wie mein Körper schlanker wird.

Meine Diät heißt Liebe und Freude.

Ich habe nur Lust auf Lebensmittel, die auch gut für mich sind.

Bewegung bedeutet Freude und Gesundheit.

Ich glaube an meine Fähigkeit, Gewicht zu verlieren.

Ich habe einen gesunden Stoffwechsel und kann Fett verbrennen.

Bewegung tut mir gut.

Mein Körper ist eine Fettverbrennungsmaschine.

Ich bin entschlossen, Gewicht zu verlieren.

Abnehmen ist für mich selbstverständlich.

Ich habe die Macht, Gewicht zu verlieren.

Ich verliere schnell und einfach Fett.

Jedem Tag komme ich meinem Idealgewicht näher.

Gewichtszunahme

Die Straße des geringsten Widerstandes ist nur am Anfang asphaltiert.

Hans Kasper

Ich ernähre meinen Körper mit gesunden Lebensmitteln.

Ich liebe und akzeptiere meinen Körper.

Ich bin bereit, meine Ernährung positiv zu verändern.

Ich komme meinem Idealgewicht von ____ näher.

Ich finde es einfach, mein Gewicht von ____ zu halten.

Ich bin voller Energie und fühle mich großartig.

Mein Körper macht mich selbstbewusst und sexy.

Ich freue mich auf mein Idealgewicht.

Ich nehme die richtige Nahrung zu mir, die mich mit allen Nährstoffen versorgt.

Sanft und weise nähere ich mich meinem Idealgewicht.

Ich liebe und respektiere mich selbst.

Mein Körper ist dankbar für die richtige Ernährung.

Ich tue das nur für mich.

Ich fühle mich jeden Tag besser und besser.

Ich bin dankbar für meine Gewichtszunahme.

Ich bin ich in der Lage, mein Idealgewicht zu erreichen.

Ich bin geduldig mit mir und meinem Körper.

Gesunde, nahrhafte Nahrung gibt mir Kraft und Energie.

Ich verdiene einen gesunden Körper.

Mein Geist ist positiv und konzentriert sich auf die Gewichtszunahme.

Ich liebe das Leben, ich liebe meinen Körper, und ich fühle mich fantastisch.

Ich akzeptiere meinen Körper.

Jeden Tag fühle ich mich mit meinem neuen Gewicht besser und besser.

Ich bin ehrlich mit mir selbst und esse regelmäßig.

Ich beschließe, ___ Kilo zu wiegen, und ich akzeptiere das (jetzt).

Körperliches Training

Wer kämpft, kann verlieren. Wer nicht kämpft, hat schon verloren.

Bertolt Brecht

Ich bin bereit, Bewegung als Teil meiner täglichen Routine zu akzeptieren.

Bewegung macht mich gesund.

Mein Körper wird von Tag zu Tag fitter.

Ich bin motiviert, mich in Form zu bringen.

Je mehr ich trainiere, desto motivierter werde ich.

Ich konzentriere mich ganz darauf, meinen Körper in Form zu bringen.

Mein Körper ist straff und fit.

Jeden Morgen mache ich Frühsport.

Jetzt überwinde ich mich und mache jeden Morgen einen ausgedehnten Spaziergang.

Ich bin so begeistert, dass ich jetzt sportlich aktiv bin.

Ich verdiene einen festen und straffen Körper.

Ich liebe es, mich zu bewegen; es macht mich fröhlich.

Ich treibe Sport.

Ich liebe körperliche Betätigung.

Körperliche Bewegung tut mir gut.

Es fällt mir jeden Tag leichter, mich zum Training zu motivieren.

Es fühlt sich toll an, wenn ich regelmäßig trainiere und mich um mich selbst kümmere.

Meinen Körper gesund und fit zu halten, ist mir sehr wichtig.

Ich liebe das Gefühl, das ich spüre, wenn ich mein Training beendet habe.

Fit und gesund zu sein, ist eine der obersten Prioritäten in meinem Leben.

Mein Körper fühlt sich mit jedem Training schlanker und leichter an.

Jeden Tag wird mein Körper stärker und schlanker.

Training energetisiert meinen Körper und belebt meinen Geist.

Jedes Mal, wenn ich trainiere, baue ich mehr Muskeln auf und verbrenne mehr Fett.

Durch Bewegung fühlt sich mein Körper stark und kraftvoll an.

Jeden Tag liebe ich Bewegung mehr und mehr.

Ich finde immer Zeit zum Trainieren.

Ich härte meinen Körper ab.

Jedes Mal, wenn ich trainiere, komme ich meinem Idealgewicht näher.

Bewegung gehört zu meinen täglichen Gewohnheiten.

Jeden Tag wird mein Körper schlanker und fitter.

Schönheit und Ernährung

Schönheit liegt im Auge des Betrachters.

Thukydides

Ich entscheide mich, gesund zu sein.

Mein Körper hat das perfekte Gewicht.

Ich kümmere mich immer um meinen Körper.

Ich habe einen wundervollen, gesunden Körper, der mir gute Dienste leistet.

Ich achte auf gesundes Essen.

Ich habe einen gesunden Lebensstil.

Ich liebe meinen schlanken, fitten Körper.

Ich bin eine gepflegte Erscheinung.

Grenzenlose Energie durchströmt meinen Körper.

Ich esse nur gesundes Essen.

Ich finde es einfach, einen gesunden Lebensstil zu führen.

Ich akzeptiere und liebe meinen Körper.

Ich habe von Natur aus einen schlanken Körperbau.

Ich finde es einfach, in Form zu bleiben.

Ich fühle mich in meinem Körper wohl.

Ich esse nur gesunde Dinge.

Ich esse nur Gesundes.

Gesunde Lebensmittel schmecken mir.

Ich verdiene es, gesund und schlank zu sein.

Ich danke meinem Körper für seine Leistungen.

Ich empfinde meinen Körper als harmonisches Ganzes.

Ich bin jeder Zelle meines Körpers dankbar.

Ich denke immer positiv über mein Gewicht.

Ich habe einen natürlich gesunden Körper und Geist.

Ich fühle mich von gesunden Lebensmitteln angezogen.

Mein schlanker Körper macht mich glücklich.

Ich liebe es, schlank und gesund zu sein.

Ich esse bewusst.

Ich bin körperlich, emotional und geistig ausgeglichen.

Ich bin dankbar für meine Gesundheit und meine körperliche Fitness.

Ich werde von Tag zu Tag fitter und stärker.

Gesundes Essen macht mich glücklich.

Mein Körper fühlt sich leicht und gesund an.

Meine Energie und meine Vitalität nehmen täglich zu.

Die Zellen meines Körpers erneuern sich auf gesunde Weise.

Ich liebe mich selbst, und ich liebe meinen Körper.

Ich ernähre mich gesund (und ausgewogen).

Ich versorge meinen Körper mit gesunder und hochwertiger Nahrung.

Mein Körper nimmt alle Nährstoffe auf und verarbeitet sie optimal.

Ich fühle intuitiv, was mein Körper jetzt braucht.

Ich fühle mich fantastisch in meiner Kleidung.

Ich genieße es, mehrmals die Woche zu trainieren.

Meine Verdauung arbeitet perfekt.

Ich fühle mich sexy und selbstbewusst.

Ich habe eine tolle Bikinifigur.

Ich ernähre mich bewusst und ausgewogen.

Ich bin bereit, meinen Körper zu verändern.

Ich liebe und pflege meinen Körper.

Ich lache mich schön.

Ich verdiene es, schön zu sein.

Ich genieße es, fit zu sein.

Ich gebe meinem Körper die notwendigen und besten Nährstoffe.

Jeden Tag fühle ich mich gesünder und fitter.

Mein Körper erfüllt all meine Bedürfnisse.

Ich nehme ausreichend Flüssigkeit zu mir.

Ich trinke jeden Tag mindestens zwei Liter klares, gutes Wasser.

Ich ändere meine Essgewohnheiten.

Ich habe eine gesunde Einstellung zu Lebensmitteln.

Ich behandle meinen Körper liebevoll und pflege ihn innerlich und äußerlich.

Ich bin körperlich in Balance und gesund.

Ich bin stolz auf mich und meinen Körper.

Ich erlaube mir, gesund und glücklich zu sein.

Ich habe einen wunderschön geformten Körper.

Ich bin jetzt bereit, gesunde und heilsame Nahrung aufzunehmen.

Ich spüre, was mein Körper braucht.

Ich respektiere und achte mich.

Ich liebe den Geschmack von gesundem Essen.

Ich atme Schönheit, träume Schönheit, ich bin Schönheit.

Ich sehe gut aus und fühle mich gut.

Ich bin und bleibe schlank und attraktiv.

Mein Körper ist mein bester Freund.

Ich achte auf die Bedürfnisse meines Körpers und bin weise.

Ich bin schlank und mag mich.

Ich esse bewusst und gesund.

Ich habe die Kontrolle darüber, wie viel ich esse.

Ich behandle meinen Körper behutsam, liebevoll und achtsam.

Ich bin für meine Gesundheit verantwortlich.

Ich schaffe mir einen Körper, der gesund und schlank ist.

Ich achte gut auf meinen Körper.

Ich genieße es, wenn andere mich auf meinen Körper ansprechen und mir Komplimente machen.

Ich erreiche mein Wunschgewicht.

Ich ernähre mich vollkommen gesund.

Süchte

Was du hast, hat auch dich, was du willst, fängt an zu befehlen.

Emil Gött

Ich bin stark und widerstehe.

Ich genieße mein natürliches Wohlbefinden.

Ich bin mein eigener Herr.

Ich lasse alle Abhängigkeiten gehen.

Ich liebe meinen Körper; daher sorge ich jederzeit gut für ihn.

Alle Dinge, die zur Abhängigkeit führen können, vermeide ich konsequent.

Ich bin voller Energie und Durchhaltevermögen.

Ich bin frei, endlich frei.

Zigaretten ekeln mich an.

Ich bin ein Sieger und befreie mich von allen Süchten, ja, ICH bin der Sieger.

Mein ganzer Körper erfreut sich jetzt bester Gesundheit.

Ich habe die Willenskraft, alles zu tun, was ich möchte.

Ich konzentriere mich auf das Gute und Schöne im Leben.

Ich bin frei von allen Süchten.

Ich bin dankbar, dass ich frei von Zwängen (Drogen, Alkohol, Rauchen, ...) bin.

Ich übernehme jetzt die Verantwortung für mein Leben.

Ich bin stark und habe großes Selbstvertrauen.

Ich schaffe das.

Ich liebe mich und bin vollkommen frei.

Ich habe großen Spaß daran, nüchtern zu sein, ja, es begeistert mich.

Ich liebe mich, und deshalb befreie ich mich von allen Süchten.

Ich habe es geschafft.

Ich habe ein gesundes Selbstwertgefühl.

Ich erkenne jetzt (jederzeit), was gut für mich ist, und handle danach.

Ich ruhe in mir und widerstehe.

Mein Geist und mein Körper sind (jetzt) frei von allen Süchten.

Ich habe klare Gedanken und liebe es, frei und unabhängig zu sein.

Ich bin und bleibe vollkommen gesund, vital und frei.

Da ich gut auf meinen Körper achte, dankt er es mir mit Gesundheit, Leistungsfähigkeit und Wohlbefinden.

Ich bin Antialkoholiker.

Ich umgebe mich mit abstinenten Menschen.

Ich akzeptiere, dass ich (jetzt) rauchfrei lebe.

Ich habe ein starkes und gesundes Selbstbewusstsein.

Ich konzentriere mich auf das Gute und bin frei.

Ich bin so, wie ich immer sein wollte.

Ich fülle mein Leben mit sinnvollen Beschäftigungen.

Meine ausgeprägte Selbstdisziplin hilft mir, konsequent zu sein.

Ich behandle meinen Körper behutsam und liebevoll.

Leicht und locker überwinde ich jetzt ...

Ich halte mich nur in guter Gesellschaft auf.

Ich lasse alle Ängste los.

Ich bin stark.

Ich lebe abstinent.

Von Tag zu Tag geht es mir immer besser und besser.

Ich bin glücklich und frei.

Meine Familie und meine Freunde unterstützen mich, und dafür bin ich sehr dankbar.

Ich bin völlig gesund, und dafür bin ich dankbar.

Mein Körper ist frei von allen Abhängigkeiten.

Meine Atemwege sind frei und gesund.

Ich bin jetzt endlich frei vom Rauchen.

Meine Kleider riechen sauber und frisch.

Ich habe gute und zuverlässige Freunde, die zu mir stehen.

Ich atme nur saubere Luft.

Ich allein bin für mich verantwortlich.

Kraft schöpfen

Ängste

Die Angst klopft an die Tür, der Verstand öffnet, und niemand ist draußen.

Chinesische Weisheit

Ich bin sicher und beschützt.

Ich halte inne und lenke meine Gedanken auf Erbauliches und Schönes.

Ich mache aus jedem Tag einen guten Tag.

Ich bin eine wertvolle Frau / ein wertvoller Mann.

Voller Mut, Zuversicht und Kraft meistere ich diesen Tag (mein Leben).

Ich bin eine starke Persönlichkeit.

Ich denke (nur) positiv über mich.

Ich bin völlig ruhig; meine Rede fließt frei und leicht.

Es geht mir in jeder Hinsicht von Tag zu Tag besser.

Ich bin zuversichtlich.

Ich habe Vertrauen.

Ich gehe meinen Weg mit Mut, Kraft und Vertrauen.

Ich denke und handle ganz sicher und klar.

Gelassen und heiter komme ich weiter.

Ich löse mich von der Vergangenheit.

Ich erfülle mein Leben mit Sonnenschein, Glück und Zufriedenheit.

Ich spüre den Frieden und die Harmonie in mir.

Ich vertraue dem Leben.

Ich bin (jetzt, jederzeit) sicher und geborgen.

Ich bin voller Glauben und Zuversicht.

Ich habe das Selbstvertrauen und die Sicherheit, um im Leben kraftvoll voranzukommen.

Von Tag zu Tag wächst meine Zuversicht mehr.

Licht und Liebe stehen mir zur Seite.

Ich denke klar und kraftvoll.

Ich gehe meinen Weg mutig und frei.

Ich bin gut (genug).

Andere Menschen respektieren mich so, wie ich bin.

Ich achte auf meinen inneren Dialog.

Ich denke positiv und konstruktiv.

Freude und Zuversicht bestimmen mein Leben.

Ich sage Ja zu mir und meinem Leben.

Ganz leicht und frei gehe ich meinen Weg.

Ich liebe und werde geliebt.

Ich fühle mich geborgen.

Ich liebe mich selbst, daher lieben mich auch andere.

Ich meistere mein Leben.

Ich entscheide mich für gute Gedanken.

Ich mag und achte mich.

Ich fühle mich ruhig und entspannt.

Alle meine Muskeln werden immer entspannter.

Ich vertraue mir.

Ich löse alle Ängste im Licht auf.

Ich fühle mich wohl und geborgen.

Ich habe Vertrauen in den Prozess des Lebens.

Ich bin kraftvoll, und ich stehe für mich ein.

Mit jedem Tag fühle ich mich ruhiger und ruhiger.

Mit Hilfe meiner inneren Stärke verwirkliche ich meine Ziele.

Ich spüre meine Kraft täglich neu.

Ich bin zuversichtlich, dass sich alles zu meinem Besten entwickelt.

Von Tag zu Tag werde ich immer unabhängiger.

Ich lasse Altes los und umarme Neues.

Ich bin selbstsicher, ruhig und gelassen.

Ich bin frei von allen emotionalen Belastungen.

Ich bin voller Vertrauen.

Ich werde immer ruhiger und gelassener.

Ich bin frei von allen unbegründeten Ängsten.

Ich bin in Sicherheit und kann mich verändern.

Ich lasse alles / alle unbegründeten Ängste los.

Ich bin mutig und schaffe das.

Mein Vertrauen in das Leben gibt mir Sicherheit.

Gutes und Richtiges (er-) füllt mein Leben.

Ich bin ruhig und gelassen.

Ich bin stark und von Zuversicht erfüllt.

Ich habe großes Vertrauen in die Zukunft.

Ich atme mit jedem Atemzug Angst aus und ersetze sie durch Zuversicht und Mut.

Entspannung

Nur im ruhigen Teich spiegelt sich das Licht der Sterne.

Chinesisches Sprichwort

Ich bin ruhig und gelassen.

Von Tag zu Tag fühle ich mich wohler, und ich bin dankbar dafür.

Alles ist gut.

Alles ist leicht und gut.

Alles um mich ist ruhig.

Ich tue Dinge, durch die sich mein Geist entspannt und zur Ruhe kommt.

Ich gönne mir die Ruhe, die ich brauche.

Ich spüre meine Ruhe und Gelassenheit.

Ich bleibe in meinem Gleichgewicht.

Meine Atmung ist tief und gleichmäßig.

Ich entspanne und lasse los.

Ich kann meinen Körper entspannen und meinen Geist beruhigen.

Ich erlaube mir, mich ruhig und entspannt zu fühlen.

Ich fühle mich großartig.

Ich fühle mich ruhig und entspannt.

Ich bin voller positiver Energien.

Ich nehme mir jeden Tag Zeit für Meditation.

Ich bin völlig entspannt (locker).

Ich fühle mich wohl und geborgen.

Ich gönne mir so viel Ruhe wie nötig.

Jeder Teil meines Körpers ist locker.

Alles ist warm und wohlig.

Ich spüre meinen Atem.

Mein Atem ist tief und ruhig.

Mit jedem Atemzug strömt frische Energie in meinen Körper.

Ich bin entspannt (gelöst).

Ich bin in meiner Mitte.

Ein wunderbares Gefühl durchströmt meinen Körper.

Mein Herz und mein Verstand sind in Harmonie.

Ich bleibe in allen Situationen ruhig und gelassen.

Ich bin ruhig und gesammelt.

Ich fühle mich jeden Tag entspannt und energiegeladen.

Ich nehme eine ruhigere, entspanntere Lebenseinstellung an.

Ich fühle mich ruhig, ruhig und völlig entspannt.

Ich entspanne meinen Geist und meinen Körper.

Ich fühle mich den ganzen Tag lang glücklich und entspannt.

Konzentration

Wer sich entschieden hat, etwas zu tun, und an nichts anders denkt, überwindet alle Hindernisse.

Giacomo Girolamo Casanova

Konzentriert erledige ich schnell und mit Leichtigkeit meine Aufgaben.

Meine Aufmerksamkeit ist auf die Sache gerichtet.

Ich setze Prioritäten.

Meine Konzentrationsfähigkeit wächst von Tag zu Tag.

Ich konzentriere mich immer auf das Wesentliche im Leben.

Ich bin entspannt und doch aufmerksam.

Ich konzentriere mich auf das, was gut und schön ist.

Ich konzentriere mich auf meine Ziele.

Ich befinde mich in einer entspannten Konzentration.

Ich bin aufmerksam.

Ich lebe im Hier und Jetzt und achte den Moment.

Eine Aufgabe zu einem Zeitpunkt, mit Konzentration und Fokus.

Ich konzentriere mich jetzt auf ...

Ich fokussiere meine Kräfte jetzt auf ...

Ich bin immer präsent und im Moment.

Ich liebe und genieße die Ruhe in mir.

Ich nutze die Kraft der Konzentration für das, was ich gerade tue.

Ich bin sehr konzentrationsfähig.

Ich tue jetzt die Dinge, die wichtig sind.

Wenn ich mich konzentriere, richte ich alle meine Sinne auf die betreffende Sache.

Ich kann meine Konzentration über längere Zeit hinweg aufrechterhalten.

Es fällt mir sehr leicht, meine Aufmerksamkeit konzentriert auf etwas zu richten.

Meine Konzentrationsfähigkeit verbessert sich von Tag zu Tag.

Ich steuere meine Aufmerksamkeit und bestimme meine Gedanken.

Nur diese Aufgabe ist jetzt wichtig.

Ich kann mich jederzeit intensiv konzentrieren.

Ich habe mein Ziel ganz deutlich vor Augen.

Ich denke konzentriert und bin voller Begeisterung.

Ich fokussiere meine Gedanken.

Ich bin hoch (voll) konzentriert.

Ich gehe kontinuierlich voran, einen Schritt nach dem anderen.

Meine Gedanken sind klar und auf meine Aufgabe konzentriert.

Ich konzentriere mich gern.

Ich bin dankbar für meine hervorragende Konzentrationsfähigkeit.

Motivation

Genau in dem Moment, als die Raupe dachte, die Welt geht unter, wurde sie zum Schmetterling.

Peter Benary

Ich bin hoch motiviert.

Ich bin diszipliniert und schaffe, was ich mir vorgenommen habe.

Ich habe vollen Zugang zu meinen Fähigkeiten.

Mein Fokus ist auf die notwendigen Dinge gerichtet.

Ich weiß, dass es sich lohnt, wenn ich mich anstrenge.

Ich habe einen starken Willen und erreiche dadurch meine Ziele.

Ich habe ein starkes Durchhaltevermögen.

Ich stehe das durch.

Ich konzentriere mich auf die richtigen Dinge.

Ich achte auf das Jetzt und Heute.

Ich bin motiviert, das zu erreichen, was ich mir vorgenommen habe.

Meine Selbstdisziplin führt mich sicher zum Erfolg.

Heute ist ein wunderbarer Tag, an dem ich viel erreiche.

Ich bin motiviert und konzentriere mich auf den Erfolg.

Ich bin der Gestalter meines Lebens.

Ich bin motiviert, in jedem Moment das Richtige zu tun.

Ich bin motiviert, das zu tun, was am besten für mich ist.

Ich bin stark.

Ich schaffe alles, was ich will.

Ich bin voller Begeisterung.

Mit Stolz und Freude blicke ich auf das bisher Geschaffte.

Ich bin voller Tatendrang.

Ich entscheide mich jetzt für ein besseres Leben.

Ich meistere jede Aufgabe mit Begeisterung und Freude und bin dankbar für meine Disziplin.

Ich meistere mein Leben.

Ich halte durch und schaffe es.

Ich erledige alle meine Aufgaben zielbewusst.

Meine Selbstdisziplin wächst von Tag zu Tag.

Ich habe die mentale und körperliche Kraft, ... zu schaffen.

Ich sehe, wie ich meine Arbeit erledigt habe, und bin stolz auf mich.

Ich habe klare Ziele und verfolge diese konsequent.

Ich fühle bereits jetzt, wie es ist, das Projekt erfolgreich abgeschlossen zu haben.

Ich gehe meinen Weg mit Mut, Kraft und Zuversicht.

Ich vertraue auf meine Fähigkeiten und weiß, dass ich es schaffen kann.

Was ich mir vornehme, das schaffe ich auch.

Ich erkenne in allem das Gute und versuche, aus allem das Beste zu machen.

Ich bin am Steuer und gebe die Richtung vor.

Ich habe klare Ziele.

Ich habe Kraft und bin hoch motiviert.

Ich konzentriere mich auf meine Ziele.

Persönliche Entwicklung

Nicht, weil es schwer ist, wagen wir es nicht, sondern weil wir es nicht wagen, ist es schwer.

Lucius Annaeus Seneca

Ich setze mir Ziele.

In jedem Augenblick bin ich der Schöpfer meiner Zukunft.

Mein Leben liegt in meinen eigenen Händen.

Ich bin voller Leben und Energie.

Die Gegensätze des Lebens inspirieren mich.

Durch alles was ich kreiere, lerne und wachse ich.

Ich entwickle und verändere mich positiv.

Ich darf mich verändern, und ich möchte mich verändern.

Ich bin offen für neue Erfahrungen.

Ich bin (jetzt) offen für Veränderung.

Ich sehe Möglichkeiten, wo andere Schwierigkeiten sehen.

Es geht mir von Tag zu Tag in jeder Hinsicht immer besser.

Ich begrüße Veränderungen.

Ich lasse das Bedürfnis nach Perfektion los.

Ich bin bereit, mein Leben angenehmer und schöner zu gestalten.

Ich erlaube mir, mich zu verändern.

Ich bin körperlich und geistig flexibel.

Ich bin fähig, meine Gedanken positiv zu verändern.

Ich habe die Kraft, meine Gefühle positiv zu verändern.

Ich verändere mein Leben jetzt und hier.

Ich bin jeder Veränderung gewachsen.

Ich bin mir meiner eigenen Macht bewusst.

Ich verändere mich auf positive Art und Weise.

Ich gehe meinen Weg.

Ich lerne, immer besser anzuerkennen, was ich nicht ändern kann.

Veränderung und Wachstum gehören zu mir.

Veränderung ist leicht für mich.

Ich erklimme eine Stufe nach der anderen.

Ich gehe meinen Weg.

Ich lasse andere so sein, wie sie sind.

Ich bin bereit, mich zu wandeln.

Ich bin bereit, mich ständig weiterzuentwickeln.

Ich bin diszipliniert und voller Ausdauer.

Ich bin in Sicherheit und kann mich verändern.

Veränderung ist ein spannender Teil meines Lebens.

Stufe um Stufe geht es weiter und weiter aufwärts.

Ich stärke mein Unterbewusstsein mit positiven Überzeugungen.

Täglich erweitere ich meine Komfortzone.

Mit Kraft, Mut und Begeisterung beginne ich Neues.

Ich freue mich auf ...

Ich schreite voran.

Mein inneres Wachstum ist eine wunderbare Abenteuerreise voller Entdeckungen.

Ich liebe die neuen Herausforderungen.

Ich tue alles Notwendige, um alte Gewohnheiten zu überwinden.

Ich öffne mich jetzt für neue Möglichkeiten.

Ich bin stolz auf das, was ich erreiche.

Ich wage es und beschreite persönliches Neuland.

Ich bin in jedem Augenblick der Gestalter meines Lebens.

Ich genieße Veränderungen.

Jeden Tag stelle ich mich neuen Herausforderungen.

Meine Veränderung ist ein Prozess des Wachstums.

Ich öffne mich der Schönheit des Lebens.

Ich heiße das Neue mit Freude und Leichtigkeit willkommen.

Wie eine aufwärts führende Treppe entwickle ich mich von Stufe zu Stufe.

Ich nehme mir Zeit für die wesentlichen Dinge im Leben.

Ich verändere mich auf die richtige Art und Weise.

Alle Dinge dienen meinem Besten.

Ich stelle mich den Herausforderungen in meinem Leben.

Ich spüre, dass ich die Geschehnisse in meinem Leben immer mehr lenke.

Trauer

Wer lachen kann, dort, wo er hätte heulen können, bekommt wieder Lust zum Leben.

Werner Finck

Meine Gefühle fließen.

Durch die Trauer mache ich wichtige neue Erfahrungen.

Ich schenke meinen Gefühlen Beachtung.

Mit jedem Tag geht es mir besser und besser.

Ich darf meine Trauer loslassen und voller Liebe an ... denken.

Es ist schön, wieder zu lachen.

Ich lasse los und verspüre nun Frieden in mir.

Ich beende meine Trauer und habe wieder Freude am Leben.

Ich löse mich von der Energie der Trauer.

Ich beschließe, alle Traurigkeit aus meiner Vergangenheit loszulassen und mich auf die glücklichen Erinnerungen zu konzentrieren.

Ich schaue mit Freude und Zuversicht nach vorn.

Ich habe großes Vertrauen in die Zukunft.

Ich entscheide mich jetzt für gute Gefühle.

Ich werde von allen Seiten unterstützt.

Vergeben und Loslassen

Es gibt Augenblicke, in denen man nicht nur sehen, sondern ein Auge zudrücken muss.

Benjamin Franklin

Jeden Tag lerne ich, mir selbst ein wenig mehr zu vergeben.

Je mehr ich lerne, mir selbst zu vergeben, desto mehr lerne ich, anderen zu vergeben.

Ich bin vergebend, verständnisvoll und mitfühlend.

Ich lasse vergangene Missstände los und vergebe freiwillig.

Ich erkenne die Notwendigkeit, anderen zu vergeben.

Ich vergebe mir.

Ich respektiere und ehre mich.

Ich bin bereit, Menschen aus meiner Vergangenheit zu vergeben.

Ich vergebe anderen und mache mit meinem Leben weiter.

Ich strahle Vergebung aus und befreie mich selbst.

Ich vergebe meinem inneren Kind.

Ich vergebe meiner Familie und umarme sie mit Liebe und Mitgefühl.

Indem ich mir selbst und anderen vergebe, befreie ich mich selbst.

Ich wähle (jetzt) die Vergebung.

Ich hole meine Freiheit zurück, indem ich mir und anderen vergebe.

Ich beschließe, Mitgefühl und Empathie für andere zu empfinden.

Ich beschließe, die Vergangenheit loszulassen und die Zukunft anzunehmen.

Ich vergebe anderen, und sie vergeben mir.

Ich bin bereit, den nächsten Schritt in eine bessere Zukunft zu gehen.

Ich bin bereit, meine Vergangenheit loszulassen und zu vergeben.

Ich vergebe meinen Eltern und verstehe, dass sie ihr Bestes getan haben.

Ich lasse alle negativen Erinnerungen los und gehe weiter.

Ich bin bereit, loszulassen und Freude in meinem Leben zu erleben.

Ich vergebe der Vergangenheit und begrüße die Gegenwart.

Ich vergebe mir jedes negative Selbstgespräch, das ich je hatte.

Ich vergebe mir alles, was ich in der Vergangenheit getan habe.

Ich verzeihe mir, dass ich nicht perfekt bin.

Ich lasse alle vergangenen Konflikte in meinem Leben los und schreite mit Liebe voran.

Ich befreie mich liebevoll von meiner Vergangenheit.

Ich lasse meine Angst vor Vergebung los.

Ich bin bereit, alle negativen Erinnerungen aus meinem Kopf zu lösen.

Ich lasse die Vergangenheit los und lebe im Jetzt.

Ich bin (jetzt/endlich) frei.

Ich vergebe … aus tiefstem Herzen.

Die Welt ist mir wohlgesonnen.

Ich lasse Altes los und bin frei.

Ich bin frei von der Vergangenheit.

Ich lege meine Fehler ab, lasse sie zurück und empfange Vergebung.

Vergebung ist Stärke.

Ich lebe jetzt in der Gegenwart und lasse die Vergangenheit los.

Ich vertraue mich dem Fluss des Lebens an.

Ich kann mich leicht entschuldigen.

Ich vergebe … (Name).

Ich lasse alles los, was mich blockiert.

Indem ich vergebe, befreie ich mich.

Vergebung bringt mir Frieden und Freude.

Ich blicke mit leichten und glücklichen Gefühlen auf meine Vergangenheit zurück.

Verzeihen schenkt mir inneren Frieden.

Gestern ist vorbei; heute ist der erste Tag meiner Zukunft.

Ich kann anderen ihre Wahrheit lassen.

Ich vergebe mir; ich weiß, dass ich immer mein Bestes tat.

Ich bin dankbar, verzeihen und loslassen zu können.

Ich entschuldige mich für ...

Ich vergebe allen Menschen aus meiner Vergangenheit und lasse (sie) los.

Es fällt mir leicht, zu vergeben.

Indem ich mir selbst vergebe, befreie ich mich und lasse los.

Ich habe Geduld mit mir und meinen Mitmenschen.

Ich spüre Frieden.

Ich schenke mir Freiheit von der Vergangenheit.

Ich darf jetzt vergeben.

Ich bin bereit, zu vergeben und zu verzeihen.

Ich heiße Veränderung willkommen.

Ich entziehe mich dem Sumpf von Wut und Ärger. Das Leben ist frei und leicht.

Ich lasse Wut und Ärger los und vergebe.

Vergebung ist das Heilmittel, das ich immer mit mir führe.

Mir wird großherzig vergeben.

Ich vergebe und habe gute Gefühle.

Ich bin frei von Schuld.

Ich vergebe anderen.

Ich blicke nach vorn; Altes ist vergangen.

Ich bin offen dafür, Vergebung zu empfangen.

Ich lasse vergangene Beziehungen los.

Ich vergebe mir.

Jeder neue Tag ist der Beginn meiner Zukunft.

Ich bin jetzt frei, und es geht mir von Tag zu Tag besser und besser.

Ich vergebe von ganzem Herzen.

Ich lasse jetzt los.

Ich vergebe allen, die mir Unrecht getan haben.

Ich entlasse Negatives und bin frei.

Weil ich vergebe, bin ich wieder heil.

Durch Vergebung gelange ich zur Liebe.

Ich vergebe gern.

Ich vergebe und verzeihe und fühle mich dabei sehr wohl.

Liebe und Beziehungen

Eltern und Kinder

Die Liebe der Eltern ist wie der Tau in Frühlingsnächten.

Johann Heinrich Pestalozzi

Ich bin eine gute Mutter / ein guter Vater.

Ich handle immer verantwortungsbewusst gegenüber meinen Kindern.

Ich bin sensibel für die Bedürfnisse meiner Familie.

Ich bin dankbar für meine schönen, gesunden Kinder.

Ich habe eine liebevolle Beziehung zu meinen Kindern.

Ich bin sehr stolz auf meine Kinder.

Ich bin offen und liebevoll gegenüber meinen Kindern.

Ich verstehe die Bedürfnisse meiner Kinder.

Ich erlaube meinen Kindern, ihre eigene Persönlichkeit zu entwickeln.

Ich gebe allen meinen Kindern die gleiche Menge meiner Zeit.

Ich tue alles, um meine Kinder zu ermutigen, ihre Ziele zu erreichen.

Ich fördre mein Kind in seinen Talenten.

Meine Eltern akzeptieren und lieben mich so, wie ich bin.

Meine Eltern drücken ihre Liebe zu mir so gut aus, wie sie können.

Ich bringe meinen Kindern Manieren und Respekt bei.

Ich habe volles Vertrauen in meine Fähigkeiten als Elternteil.

Ich habe volles Vertrauen in meine Fähigkeit, glückliche Kinder großzuziehen.

Ich habe einen positiven Einfluss auf meine Kinder.

Ich schaffe ein glückliches, liebevolles Zuhause für meine Kinder.

Ich helfe meinen Kindern, wann immer sie mich danach fragen.

Ich bin ein geduldiger und verständnisvoller Elternteil.

Ich bin ein verantwortungsbewusster und freundlicher Elternteil.

Ich beziehe meine Kinder immer in alle wichtigen Familienentscheidungen ein.

Ich inspiriere meine Kinder dazu, das Beste aus sich herauszuholen.

Ich liebe es, mit meinen Kindern Spaß zu haben und zu lachen.

Ich ermutige meine Kinder, positiv und optimistisch zu sein.

Ich genieße ein friedliches, harmonisches Leben mit meinen Kindern.

Meine Familie steht immer an erster Stelle in meinem Leben.

Meine Kinder und ich kommunizieren immer miteinander.

Ich lehre meine Kinder, anderen gegenüber immer respektvoll zu sein.

Ich interessiere und engagiere mich aktiv für die Ausbildung meiner Kinder.

Meine Kinder und ich genießen die Gesellschaft des jeweils anderen.

Ich strebe danach, der beste Elternteil zu sein, der ich sein kann.

Ich liebe es, Zeit mit meinen Kindern zu verbringen.

Ich sende jeden Tag Licht und Liebe zu meinen Kindern.

Ich fühle mich gestärkt durch die Liebe, die ich von meinen Kindern empfange.

Jeden Tag wird meine Beziehung zu meinen Kindern in jeder Hinsicht besser und besser.

Ich habe eine sehr starke Bindung zu meinen Kindern.

Meine Kinder bereichern mein Leben auf magische Weise.

Ich bin mit meiner Mutter / meinem Vater in Frieden.

Ich bin so dankbar für die Dinge, die mir meine Eltern beigebracht haben.

Familie

Die Familie ist das Vaterland des Herzens.

Giuseppe Mazzini

Meine Geschwister und ich unterstützen und lieben uns.

Ich bin ein Mitglied einer liebenden, unterstützenden Familie.

Ich weiß, dass meine Familie für mich da ist, wenn ich sie brauche.

Ich empfange bedingungslose Liebe von meiner Familie.

Ich erlebe immer positive Situationen mit meiner Familie.

Mein Bruder / Meine Schwester und ich nehmen uns die Zeit, unsere Beziehung zu verbessern.

Ich verdiene ein glückliches Familienleben und akzeptiere es (jetzt).

Meine Familie gibt mir die Freiheit, die Person zu sein, die ich sein will.

Meine Familie ermutigt und unterstützt mich immer.

Meine Familie und ich nehmen uns immer Zeit füreinander.

Jeden Tag danke ich für meine wunderbare Familie.

Jeder in meiner Familie ist gesund und glücklich.

Ich freue mich immer darauf, Zeit mit meiner Familie zu verbringen.

Ich bin rücksichtsvoll meiner Familie gegenüber.

Ich stehe meiner Familie sehr nahe.

Meine Familie zeigt mir ihre Liebe auf unendliche Weise.

Ich genieße Familienzusammenkünfte und den Spaß, den wir haben.

Ich bin stolz, zu meiner lieben Familie zu gehören.

Ich höre genau zu, wenn ein Mitglied meiner Familie mich braucht.

Ich habe unendlich viel Geduld mit meiner Familie.

Ich helfe meiner Familie, wann immer ich kann.

Ich liebe es, Freude und Glück in das Leben meiner Familie zu bringen.

Ich liebe meine Familie von ganzem Herzen.

Ich habe nur liebevolle, positive Gedanken über meine Familie.

Ich zeige gegenüber jedem Mitglied meiner Familie Mitgefühl und Einfühlungsvermögen.

Freundschaft/Mitmenschen

> *Das schönste Denkmal, das ein Mensch bekommen kann, steht in den Herzen der Mitmenschen.*
>
> *Albert Schweitzer*

Ich finde leicht neue Freunde.

Ich bin ein warmherziger und freundlicher Mensch.

Ich nehme mir Zeit für meine Freunde.

Ich ziehe Gleichgesinnte in mein Leben.

Ich schaffe dauerhafte Freundschaften in meinem Leben.

Ich schätze meine Freunde.

Ich ziehe wunderbare, lebenslange Freunde in mein Leben.

Ich habe enge Freunde, die mich unterstützen und zum Lachen bringen.

Ich finde es immer einfach, Spaß mit meinen Freunden zu haben.

Ich finde es einfach, mit Leuten zu reden.

Ich habe dauerhafte Freundschaften mit wunderbaren, fürsorglichen Menschen.

Ich habe eine Fülle von lieben, gleichgesinnten Freunden.

Ich ziehe schöne Freundschaften in mein Leben.

Meine Freunde und ich haben viel Spaß zusammen.

Ich bin meinen Freunden so dankbar und liebe sie sehr.

Meine wunderbaren Freunde sind unterstützend, vertrauenswürdig und loyal.

Meine Freunde erlauben mir die Freiheit, der Mensch zu sein, der ich wirklich bin.

Alle meine Freundschaften sind harmonisch.

Ich bin ein guter Freund und Begleiter.

Ich achte auf die Bedürfnisse der anderen.

Jeder, den ich treffe, akzeptiert mich als den wunderbaren Menschen, der ich bin.

Ich nehme mir immer Zeit für meine Freunde.

Ich bin ein treuer Freund.

Meine engen Freunde sind ein sehr wichtiger Teil meines Lebens.

Ich ziehe immer wieder loyale und freundliche Menschen in mein Leben.

Ich liebe es, neue Leute kennenzulernen.

Ich bin (jetzt) bereit, glückliche, erfüllende Beziehungen anzunehmen.

Ich ziehe echte Freundschaften in mein Leben.

Ich kann mich immer auf meine Freunde verlassen.

Es ist okay, bei meinen Freunden ganz ich selbst zu sein.

Ich trete leicht mit anderen in Verbindung.

Ich finde es (unglaublich) einfach, neue Freunde zu finden.

Ich habe einen wunderbaren Kreis von Freunden, die mich lieben und schätzen.

Ich habe viele Freunde, die meine Interessen teilen.

Ich habe den größten Respekt und die größte Bewunderung für meine Freunde.

Ich helfe Menschen, sich wohl zu fühlen.

Ich bin ein guter Zuhörer.

Ich liebe es, zu lachen und Spaß mit meinen Freunden zu haben.

Meine Freunde und ich bringen uns immer gegenseitig zum Lachen.

Ich liebe es, mich mit meinen Freunden zu treffen.

Ich liebe meine engen Freunde.

Ich ziehe positive Freundschaften in mein Leben.

Meine Freunde ermutigen mich bei allem, was ich tue.

Ich verbinde mich durch mein Herz mit Menschen.

Ich bin tolerant gegenüber den Wahrnehmungen anderer.

Ich habe das Recht, zu wählen, wen ich um mich haben möchte.

Ich spreche von anderen mit Achtung und ehre sie in Worten und Gedanken.

Ich öffne mich meiner eigenen Schönheit.

Die Menschen meinen es gut mit mir; sie haben gute Absichten.

Ich habe liebevolle und hilfreiche Beziehungen zu meinen Mitmenschen.

Von Tag zu Tag gehe ich besser und besser mit mir und meinen Mitmenschen um.

Ich verdiene eine positive, unterstützende und harmonische Umgebung.

Ich lasse alle Urteile und negativen Gedanken über andere los.

Ich ziehe nur freundliche Menschen an.

Ich konzentriere mich auf das Gute in den Menschen und helfe ihnen, es zu verwirklichen.

Jeden Tag schenke ich jemandem ein Lächeln.

Ich sende meinen Mitmenschen stets friedliche und liebevolle Gedanken.

Ich öffne mein Herz und nehme meine Mitmenschen liebevoll an.

Ich unterstütze den Erfolg und das Glück eines jeden, den ich kenne.

Ich bewege etwas im Leben anderer.

Ich weiß, wann ich geben und wann ich empfangen sollte.

Ich habe mehr, als ich brauche, daher teile ich mit meinen Mitmenschen.

Harmonie

Das höchste Gut ist die Harmonie der Seele mit sich selbst.

Lucius Annaeus Seneca

Ich ziehe Harmonie auf magische und unerwartete Weise an.

Mein Herz und mein Verstand sind in völliger Harmonie.

Mein Partner und ich harmonieren hinsichtlich unserer Bedürfnisse.

Ich stelle mich den Herausforderungen des Lebens.

Ich achte auf die Bedürfnisse der anderen.

Ich fühle mich mit anderen verbunden.

Ich bin ein Sonnenstrahl für jeden, dem ich begegne.

Meine Beziehung zu ... (Name) wird jeden Tag harmonischer.

Harmonie ist ein schönes Geschenk in meinem Leben.

In mir ist Friede und schenkt mir Harmonie und Ausgeglichenheit.

Ich bin im Einklang mit dem Lebensstrom.

Die Harmonie findet mich überall, wo ich hingehe.

Neue, harmonische Energie durchströmt mich.

Ich habe (m)eine perfekte, harmonische Beziehung.

Ich liebe es, ich zu sein.

Ich lebe mit allen in Harmonie.

Ich bin in völliger Harmonie mit meiner Umgebung.

Das Universum bringt jetzt Harmonie in mein Leben.

Ich bin offen und bereit dazu, Harmonie in mein Leben zu bringen.

Ich lebe in Harmonie mit dem Ganzen.

Ich bin im Gleichgewicht und ausgeglichen.

Ich lasse in jedem Gedanken und jeder Handlung Harmonie sein.

Ich strahle harmonische Energie aus.

Ich bin gelassen, zufrieden und ruhig.

Leidenschaft, Harmonie und Liebe fließen in mein Leben.

Ich finde es einfach, Harmonie in mein Leben zu bringen.

Ich entscheide mich für eine harmonische Beziehung mit meinem Partner.

Ich bin im Einklang mit mir und meinem Leben.

Ich glaube (jetzt), dass Beziehungen fröhlich und harmonisch sein können.

Harmonie und Liebe fließen mir leicht und mühelos zu.

Ich freue mich über die Harmonie, die ich jeden Tag erlebe.

Ich ziehe das an, was mit meinen Wünschen in Einklang und Harmonie ist.

Ich verdiene eine harmonische, liebevolle Beziehung.

Ich weiß, dass ich Harmonie verdiene, und akzeptiere sie (jetzt).

Ich lebe in einer harmonischen Umgebung.

Ich verdiene Liebe und Harmonie und erhalte sie in Hülle und Fülle.

Harmonie und Frieden durchströmen mein ganzes Sein.

Ich bin der Liebe und der Harmonie würdig.

Ich lebe in Harmonie mit mir und meiner Umwelt.

Ich lebe im Einklang mit meiner Umgebung.

Ich bin friedvoll und gelassen und fühle mich wohl.

Meine Beziehung ist aufgeladen mit der Energie von Liebe und Harmonie.

Harmonie und Sinnlichkeit sind natürliche Gefühle in meiner Beziehung.

Heirat und Ehe

Soweit die Erde Himmel sein kann, soweit ist sie es in einer glücklichen Ehe.

Marie von Ebner-Eschenbach

Ich bin begeistert von der Ehe und bin (jetzt) bereit dafür.

Ich bin offen für die Ehe und ziehe (jetzt) meinen perfekten Partner an.

Ich werde göttlich geführt bei der Suche nach meinem perfekten Partner.

Ich glaube an die Heiligkeit der Ehe.

Ich bin in einer glücklichen, harmonischen Ehe.

Mein Partner und ich sind sehr glücklich in unserer Ehe.

Meine Ehe ist eine freudige Vereinigung von Liebe und Lachen.

Ich liebe und schätze meine Ehe sehr.

Ich liebe es, verheiratet zu sein.

Jeden Tag und in jeder Hinsicht wird unsere Ehe immer stärker.

Ich bin in einer treuen, vertrauensvollen Ehe.

Meine Ehe ist mir heilig, und ich schätze jede Minute davon.

Ich erlaube meinem Mann / meiner Frau, seine / ihre Freiheit zu genießen, wenn er / sie sie braucht.

Mein Mann / meine Frau und ich sind offen und ehrlich zueinander.

Meine Ehe bringt mir unendliche Freude und Glück.

Ich bin zuversichtlich in meiner Ehe.

Mein Mann / meine Frau und ich kommunizieren ruhig und gelassen miteinander.

Mein Mann / meine Frau und ich haben das gleiche Mitspracherecht bei Entscheidungen in unserem Leben.

Ich glaube an meinen Partner / meine Partnerin, er / sie ist ein wunderbarer Mensch.

Mein Mann / meine Frau und ich verstehen die Bedürfnisse des anderen.

Ich achte auf die Bedürfnisse meines Ehepartners / meiner Ehepartnerin.

Ich konzentriere mich immer auf die positiven Dinge in meiner Ehe.

Ich schätze die kleinen Dinge, die mein Mann / meine Frau macht.

Ich liebe meinen Ehepartner / meine Ehepartnerin von ganzem Herzen.

Wir lieben uns so, wie wir sind.

Unsere Ehe ist glücklich.

Meine Ehe wird jeden Tag leidenschaftlicher.

Ich spreche mit meinem Ehepartner immer mit dem größten Respekt.

Mein Mann / meine Frau und ich haben ein sehr gesundes Sexleben.

Ich liebe es, Zeit mit meinem Ehepartner zu verbringen.

Mein Mann / meine Frau und ich nehmen uns immer Zeit füreinander.

Ich bin ein liebevoller, treuer Ehemann / eine liebevolle, treue Ehefrau.

Ich bin glücklich verheiratet.

Ich bin sehr dankbar für meine Ehe.

Meine Ehe ist voller Lachen und Spaß.

Ich bin leidenschaftlich daran interessiert, meine Ehe lebendig und aufregend zu halten.

Ich setze mich dafür ein, dass meine Ehe funktioniert.

Ich schätze die romantischen, gedankenvollen Gesten meines Partners und gebe sie zurück.

Ich unterstütze die Karriere meines Mannes / meiner Frau voll und ganz.

Ich habe jetzt meinen perfekten Partner / meine perfekte Partnerin gefunden.

Ich liebe es, meinem Ehemann / meiner Ehefrau zu zeigen, wie sehr ich ihn/sie liebe.

Ich vertraue meinem Partner / meiner Partnerin vollkommen.

Es fühlt sich immer noch wie Liebe auf den ersten Blick an, wenn ich meinen Mann / meine Frau ansehe.

Mein Mann / meine Frau ist mein bester Freund / meine beste Freundin.

Ich drücke meine Liebe zu meinem Mann / meiner Frau regelmäßig aus, und sie wird mir mehrfach zurückgegeben.

Mein Mann / meine Frau und ich bringen das Beste aus uns zum Vorschein.

Kommunikation

Die Natur hat uns nur einen Mund, aber zwei Ohren gegeben, was darauf hindeutet, dass wir weniger sprechen und mehr zuhören sollten.

Zenon von Kition

Ich habe und zeige Verständnis.

Ich schenke Aufmerksamkeit.

Ich drücke mich verständlich aus.

Meine Kommunikationsfähigkeit verbessert sich von Tag zu Tag.

Ich bin ein hervorragender Redner.

Ich bin ein exzellenter Zuhörer.

Ich verbessere täglich meine Gesprächsbereitschaft.

Ich spreche offen und ehrlich.

Ich habe stets ein gewinnendes und strahlendes Äußeres.

Ich nutze meinen Wortschatz geschickt.

Ich setze die Signale der Körpersprache bewusst und sinnvoll ein.

Ich höre meine ruhige, angenehme Stimme sehr gern.

Ich denke klar und frei und drücke mich klar und deutlich aus.

Ich formuliere und spreche mit Bedacht.

Ich bin ein geschickter Verhandlungspartner.

Ich spreche deutlich und formuliere klar.

Was ich zu sagen habe, ist wert, gehört zu werden.

Ich habe stets eine liebevolle und gewinnende Ausstrahlung.

Kommunikation macht mir Spaß.

Ich artikuliere immer in einer freundlichen und angenehmen Art und Weise.

Ich bin in meinen Gesprächen ruhig und gelassen.

Ich darf reden, und man hört mir zu.

Ich bin frei in meiner Sprache.

Ich höre meinen Mitmenschen mit Verständnis und positiven Gefühlen zu.

Ich drücke Verständnis aus.

Ich pflege positive und bejahende Kontakte zu allen Menschen.

Ich kann mich frei mit Menschen austauschen.

Ich höre aktiv zu.

Ich beobachte mein Verhalten und nutze meine Sprache positiv und aufbauend.

Ich gebe klare und verständliche Anweisungen.

Ich respektiere die Gefühle anderer.

Mit fällt es leicht, mit anderen Menschen über unsere Beziehung zu sprechen.

Ich höre aufmerksam und interessiert zu.

Ich teile meine Wünsche und Bedürfnisse mit.

Ich vertraue meiner Herzenskommunikation.

Ich respektiere und achte meine Gesprächspartner.

Ich lobe und danke.

Ich spreche locker und konstruktiv mit anderen Menschen.

Ich wähle meine Worte sorgfältig und behutsam.

Ich interpretiere das Gespräch in der richtigen Weise.

Ich spreche mit anderen freundlich, klar und deutlich.

Ich drücke Verständnis aus.

Ich höre geduldig und mit Liebe zu.

Meine Kommunikationsfähigkeit führt mich von Erfolg zu Erfolg.

Ich weiß, wo ich Grenzen setzen muss, und sage Nein, wenn es nötig ist.

Liebe

Man sei erst liebenswert, wenn man geliebt sein will.

Johann Wolfgang von Goethe

Ich ziehe nur liebevolle Menschen in mein Leben.

Ich bin umgeben von liebevollen, harmonischen Beziehungen.

Ich bin es wert, geliebt zu werden.

Ich öffne mein Herz und fühle tiefe Liebe in mir.

Die Liebe fließt zu mir und durch mich zu jeder Zeit.

Ich liebe und akzeptiere mich genau so, wie ich bin.

Ich erlaube mir, vollkommen geliebt zu werden.

Ich ziehe nur positive Menschen in mein Leben.

Ich bin voller Liebe.

Mein Leben ist erfüllt von Liebe und Glück.

Zuneigung und Liebe umgeben mich.

Ich begrüße die Liebe mit offenen Armen.

Ich nehme die Liebe in meinem Leben an.

Ich verdiene es, mit Liebe und Respekt behandelt zu werden.

Ich bin liebevoll, freundlich und ein wunderbarer Mensch.

Das Universum umgibt mich mit Liebe.

Mein Herz ist immer offen, und ich strahle Liebe aus.

Überall, wo ich hingehe, entdecke ich Liebe, und sie fühlt sich wunderbar an.

Ich strahle Liebe aus, und sie wird mir vielfach zurückgegeben.

Ich liebe mich selbst und vertraue auf mich, um die richtigen Entscheidungen im Leben zu treffen.

Je mehr Liebe ich gebe, desto mehr kann ich empfangen.

Ich sehe Liebe in jedem um mich herum.

Meine Welt ist erfüllt von Liebe, Licht und Glück.

Ich teile meine Liebe mit anderen.

Ich liebe offen, bedingungslos, ehrlich und mitfühlend.

Liebe und Wunder umgeben mich überall, wohin ich auch gehe.

Ich feiere jeden Tag die Liebe und das Leben.

Ich bin ein Liebesmagnet.

Ich begrüße die Liebe, und die Liebe heißt mich willkommen.

Ich werde geschätzt und geliebt.

Ich werde von der Liebe begrüßt, wohin ich auch gehe.

Ich bin liebevoll und mitfühlend zu mir selbst und zu anderen.

Ich beschließe, Menschen zu lieben und zu akzeptieren.

Liebe ist ein schönes Geschenk des Universums.

Ich öffne mich jetzt, und die Liebe strömt in mein Leben.

Partnerschaft

In der Ehe ist es weniger wichtig, den richtigen Partner zu finden, als der richtige Partner zu sein.

Unbekannt

Hinweis: Verwenden Sie ruhig, je nach Affirmation, anstelle des Wortes „Partner" den Namen Ihres Partners / Ihrer Partnerin.

Ich respektiere meinen Partner.

Jeden Tag mache ich meinem Partner ein echtes Kompliment.

Ich bin in einer liebevollen, unterstützenden Beziehung.

Ich habe eine harmonische, liebevolle Beziehung zu meinem Partner.

Ich bin bereit, eine liebevolle Beziehung in mein Leben aufzunehmen.

Mein Partner meint es gut mit mir.

Ich bin in der Lage, mich mit/bei meinem Partner zu entspannen.

Wir respektieren einander.

Den ganzen Tag über denke ich liebevoll an meinen Partner.

Ich kann mit meinem Partner frei und offen über meine Gedanken und Gefühle sprechen.

Ich bin bereit, bedingungslos zu lieben.

Jede neue Beziehung beginne ich vertrauensvoll und entgegenkommend.

Jede Beziehung baue ich auf Vertrauen und Respekt auf.

Wir fühlen uns immer zueinander hingezogen.

Ich schenke meinem Partner Herzenswärme und sehr viel Freude.

Von Tag zu Tag wird unsere Beziehung immer schöner und schöner.

Ich erlebe mein Liebesleben bewusst, ungezwungen und frei.

Ich bin sanft und zärtlich.

Mein Partner und ich sind frei, unsere Gefühle füreinander auszudrücken.

Wir haben ein glückliches, intensives und befriedigendes Sexualleben.

In unserer Beziehung herrschen Harmonie, Friede und Vertrauen.

Wir lieben uns.

Ich erlebe mit meinem Partner Glück und Erfüllung.

Ich bin dankbar für meinen Lebenspartner.

Miteinander leben wir in Liebe, Freude und Glück.

Ich bin offen für eine glückliche Beziehung.

Ich begehre meinen Partner, und er/sie begehrt mich.

Ich meine es gut mit meinem Partner.

Ich respektiere meinen Partner.

Ich habe Spaß an unserer Liebe.

Ich bin mit meinem Partner liebevoll verbunden.

Ich akzeptiere meinen Partner so, wie er ist, und ich werde von ihm so akzeptiert, wie ich bin.

Wir sind füreinander da.

Ich bin in einer freudvollen intimen Beziehung mit einer Person, die mich wirklich liebt.

Unsere gemeinsame Liebe ist harmonisch und beständig.

Ich genieße unser gemeinsames Liebesleben.

Ich bin ein guter Partner.

Ich werde geliebt.

Wir leben in Harmonie.

Ich lasse meinem Partner Liebe und Wärme zufließen.

Ich vertraue darauf, dass ich einen tollen Partner haben werde.

Meine Intuition führt mich zu meinem Lebenspartner.

Ich liebe.

Ich liebe mich so, wie ich bin.

Ich habe jetzt die ideale Beziehung.

Ich bin in einer liebevollen und freudvollen Beziehung mit einem Menschen, der mich wirklich liebt.

Ich öffne mich für eine neue Beziehung.

Ich habe an unserer liebevollen Beziehung viel Freude.

Ich drücke meine Liebe auf eine zärtliche Art und Weise aus.

Ich bin so glücklich, dass ich mit (m)einem idealen Partner zusammen bin.

Unsere gegenseitige Zuneigung ist ein Ausdruck unseres Vertrauens und unserer Liebe.

Ich spüre, dass mein Traumpartner existiert. Ich weiß, dass wir uns begegnen.

Ich bin (jetzt) bereit, dem Menschen zu begegnen, nach dem ich mich immer schon gesehnt habe.

Ich gebe (jetzt) alle negativen Gedanken, die ich über Beziehungen hatte, vollkommen auf.

Ich liebe und werde geliebt.

Ich bin dankbar für die wundervolle Beziehung, die ich habe.

Ich bin dankbar für meinen wundervollen Partner.

Ich lebe in einer glücklichen und sehr harmonischen Beziehung.

Ich bin zärtlich und liebevoll.

Ich trage mehr und mehr zum Glück und zum Frieden in unserer Partnerschaft bei.

Ich bin sehr glücklich mit meinem Partner.

Selbstbild

Gedanken und Gefühle

Aus der Pflege glücklicher Gedanken und Gewohnheiten entsteht auch ein glückliches Leben.

Norman Vincent Peale

Ich entscheide mich für positive Gedanken.

Ich bin stets Sender froher Gedanken.

Ich lasse meine Gefühle durch mich fließen.

Ich fühle mich sicher, wenn ich meine Gedanken ausdrücke.

Meine Gefühle fließen.

Ich trage stets einen guten Wunsch im Herzen.

Ich bin stets heiter (großzügig, freundlich, ...).

Ich bin immer Sender positiver Gedanken.

Ich liebe all meine Gedanken und Gefühle.

Ich erfreue mich an meinen positiven Gedanken.

Mein Herz ist offen.

Ich strebe ständig nach schönen und aufmunternden Gedanken.

Ich sende und empfange stets frohe Gedanken.

Ich bin mutig und beachte meine Gefühle.

Ich bin selbst verantwortlich für meine Gedanken.

Ich entscheide mich für gute Gedanken.

Ich entscheide bewusst, wie ich mich fühlen möchte.

Ich strahle Wohlbefinden und Glück aus.

Ich blicke mit positiven Gefühlen auf meine Vergangenheit zurück.

Ich konzentriere mich nur auf gute Gedanken.

Ich kann frei und offen mit anderen über meine Gefühle sprechen.

Ich fülle meine Gedanken, womit ich möchte.

Ich entscheide mich für innere Ruhe und Zufriedenheit.

Meine Gefühle machen mich menschlich.

Ich ruhe in meiner Mitte.

Ich fühle mich gut, ruhig und in Frieden mit mir selbst.

Ich wähle meine Gedanken mit Dankbarkeit und Demut.

Ich fühle mich wohl.

Ich liebe das Leben.

Ich entscheide mich für Gedanken der Freude und des Friedens.

Ich denke positiv.

Ich nehme all meine Gefühle als Teil von mir selbst an.

Ich entscheide mich für liebevolle Gedanken.

Ich kann meine Gedanken positiv verändern.

Voll positiver Gedanken bin ich bereit, Veränderungen anzunehmen.

Ich achte auf mein Denken und wähle bewusst positive Gedanken.

Ich bin glücklich und zufrieden.

Meine positiven Gedanken fördern meine Gesundheit.

Meine Gedanken sind positiv und liebevoll. Ich fülle mein Leben mit positiven Gedanken.

Ich liebe meine positiven Gedanken.

Ich schenke meinen Gefühlen Beachtung.

Ich weiß, dass meine Gedanken meine Realität erschaffen.

Ich achte genau auf meine Gefühle, denn sie zeigen mir meinen Weg.

Intuition und innere Stimme

Der Verstand kann uns sagen, was wir unterlassen sollen. Aber das Herz kann uns sagen, was wir tun müssen.

Joseph Joubert

Ich erspüre die richtige Richtung und folge ihr.

Ich setze die richtigen Prioritäten.

Ich erkenne meinen Lebenssinn.

Ich bin offen für neue Ideen.

Mein innerstes Selbst lenkt mich in die richtige Richtung.

Ich fühle mich großartig und bin froh und dankbar.

Ich spüre meine Intuition klar und deutlich.

Klar und deutlich erkenne ich meine Intuition.

Jeden Tag wird meine Intuition in jeder Hinsicht immer stärker.

Meine Intuition steht mir jederzeit zur Verfügung.

Meine Intuition wird mit jedem Tag stärker und stärker.

Ich darf auf mein inneres Gefühl hören.

Meine innere Stimme leitet mich.

Ich lasse mich von meinem Gefühl leiten und führen.

Ich lasse mich von meiner Intuition leiten.

Meine Intuition bewahrt mich vor Risiko und Gefahr.

In jeder Situation fühle ich genau, was zu tun ist.

Ich kann klar und bewusst entscheiden.

Ich treffe gute Entscheidungen.

Ich entscheide mich immer für den richtigen Weg.

Mein gesunder Menschenverstand und meine Intuition arbeiten perfekt zusammen.

Ich nutze Intuition und Verstand gleichermaßen.

Meine Entscheidungen dienen dem Wohl aller Beteiligten.

Ich treffe meine Entscheidungen klar und wohlüberlegt.

Ich vertraue meiner Intuition.

Ich höre auf meine Intuition.

Ich kann meinem Gefühl vertrauen.

Ich entscheide mit Herz und Verstand.

Meine Intuition gibt mir Frieden und Sicherheit.

Ich bin offen für Inspiration.

Ich lasse mich inspirieren.

Ich handle inspiriert.

Intuitiv erkenne und nutze ich meine Möglichkeiten.

Ich erkenne intuitiv, was zu tun ist.

Meine Prioritäten erkenne ich intuitiv.

Meine innere Stimme leitet mich.

Ich erkenne, was gut für mich ist, und handle entsprechend.

Ich nutze meine Intuition weise und verantwortungsbewusst.

Meine innere Stimme ist klar und deutlich.

Ich höre auf meine innere Stimme.

Ich fühle, was für mich richtig und wichtig ist.

Ich höre mehr und mehr auf mein Bauchgefühl.

Ich gehe meinen Weg in die richtige Richtung.

Ich spüre in jeder Situation, was ich zu tun habe, und handle entsprechend.

Meine Intuition führt mich auf sichere Wege.

Meine Intuition wird durch meine Weisheit gesteigert.

Ich bin da, wo ich sein sollte.

Mein Leben wird vom göttlichen Prinzip geleitet.

Mein inneres Ich weiß immer, welchen Weg ich gehen soll.

Ich öffne mein Herz für die Weisheit und die Liebe des Universums.

Ich vertraue meiner inneren Weisheit.

Ich bin weise und intelligent.

Göttliche Weisheit fließt frei in mein Leben.

Ich besitze (unendliche) Intelligenz und nutze sie weise.

Ich bin zentriert und mit einer göttlichen Macht verbunden.

Innere Einstellung

Eine positive Einstellung zu lösbaren Problemen ist bereits der halbe Erfolg.

Ernst Ferstl

Ich bin mit der Energiequelle verbunden.

Ich vertraue meiner Intuition und meiner inneren Stimme.

Ich lasse universelle Weisheit durch mich fließen.

Ich bin eins mit mir selbst.

Ich habe eine positive Einstellung zum Leben.

Ich kann es mit allem aufnehmen.

Ich bin ein Gewinner / eine Gewinnerin.

Meine positive Einstellung schafft magische Erfahrungen in meinem Leben.

Ich bin unaufhaltsam.

Ich sage Ja zu mir und meinem Leben.

Ich fühle mich heute fantastisch.

Jeden Morgen wache ich erfüllt von Dankbarkeit und positiver Energie auf.

Ich bin behutsam mit mir und anderen.

Ich habe eine entspannte Einstellung zum Leben.

Ich konzentriere mich auf die Schönheit und die Freude im Leben.

Ich genieße mein Leben in vollen Zügen.

Ich liebe es, meine positive Einstellung mit anderen zu teilen.

Ich habe jeden Tag eine positive Einstellung.

Ich sehe immer das Beste in den Menschen.

Ich habe das Zeug dazu, die/der Beste zu sein.

Meine positive Einstellung ermöglicht es mir, meine Ziele (immer) zu erreichen.

Meine positive Einstellung spiegelt sich in meinem gesunden, energetischen Körper wider.

Heute ist der beste Tag; ich fühle mich wunderbar.

Meine positive Einstellung bringt große Freude und Erfolg in mein Leben.

Mein Leben wendet sich zum Besten.

Kraft und Stärke

Es bleibt einem jeden immer noch so viel Kraft, das auszuführen, wovon er überzeugt ist.

Johann Wolfgang von Goethe

Ich habe die Kontrolle über meine Gedanken und Emotionen.

Ich bin gesund und voller Energie.

Ich fühle mich jeden Tag sicherer und freier.

Ich fühle mich auf dem Gipfel der Welt.

Ich bin allen Herausforderungen gewachsen.

Ich bin ein selbstsicherer und kraftvoller Mensch.

Ich fühle mich großartig.

Ich habe die Leidenschaft und den Antrieb, meine Träume zu verwirklichen.

Ich habe die Fähigkeit, positive Situationen in meinem Leben anzuziehen und zu meistern.

Ich akzeptiere meine Kraft und nutze sie gut.

Ich weiß, dass ich alles erreichen kann.

Ich liebe mich und mein Leben.

Ich spüre den Lebensstrom der Energie in meinem Körper.

Ich denke und spreche immer positiv.

Ich fühle mich gut.

Ich umgebe mich mit Dingen, die meine Lebendigkeit und meine Energie widerspiegeln.

Ich kann jedes Hindernis überwinden, weil ich stark und mächtig bin.

Ich gehe aufrecht.

Ich schätze mich sehr und danke für mein herrliches Leben.

Ich kann gut über mich selbst lachen.

Ich bin kraftvoll und lebendig.

Ich gehe mit allen Aufgaben entspannt um.

Ich habe eine positive Lebenseinstellung.

Ich kann jedes Problem lösen.

Ich bin voller Energie und Lebendigkeit.

Ich führe mein Leben leicht und frei.

Ich schätze alles, was ich habe und bin.

Ich respektiere mich und nutze meine Talente.

Ich spüre meine Tatkraft.

Ich vertraue auf meine innere Stärke.

Ich freue mich jeden Tag darauf, den Menschen von Nutzen zu sein, und das macht mich glücklich.

Ich habe die Kraft und die Entschlossenheit, meine Ziele zu erreichen.

Ich bin voller Mut und Zuversicht.

Meine Kraft wird von Tag zu Tag stärker.

Ich sehe mich als jemanden, der wächst und gedeiht.

Ich sage Ja zum Leben.

Ich sende strahlende Kraft aus und ziehe alles Gute an.

Mit Leichtigkeit und Freude erreiche ich das Beste für mich und mein Leben.

Ich meistere meine täglichen Aufgaben mit Leichtigkeit.

Ich sehe meine täglichen Fortschritte.

Ich bin fähig, tüchtig und stark.

Ich spüre meine Kraft täglich aufs Neue.

Ich bin selbstsicher.

Ich erreiche meine Ziele.

Ich folge meiner Bestimmung, ich kreiere mein Leben.

Die Macht meines Geistes ist stärker als alles andere.

Ich stelle mich jeder schwierigen Situation mit Entschlossenheit und Mut.

Ich habe einen starken Willen.

Ich ziehe das durch, ich schaffe es.

Ich weiß, was ich will, und ich bekomme es.

Ich ziehe positive Menschen in mein Leben.

Ich führe ein erfülltes Leben.

Ich tue, was immer notwendig ist.

Ich bin Energie und Lebensfluss.

Ich glaube an mich.

Ich bin der Schöpfer meines Lebens.

Ich bin ein Geschenk für mich und andere.

Das Universum gibt mir die Kraft, meine Träume zu verwirklichen.

Ich bin eine starke, mächtige Person.

Meine Fähigkeiten erweitern sich von Tag zu Tag.

Ich habe den Mut und die Kraft, das Leben meiner Träume zu verwirklichen.

Ich strahle Vitalität aus.

Eine Aufgabe zu einem Zeitpunkt.

Ich stelle mich den Herausforderungen meines Lebens.

Ich habe mehr als genug Kraft, um meine Ziele zu erreichen.

Ich bin ein Turm der Stärke und des Mutes.

Ich bin im Flow und erledige meine Aufgaben mit Freude.

Ich bin gut organisiert.

Ich bin voller Kraft und Tatendrang.

Meine Energie ist konzentriert auf meine Ziele gerichtet.

Ich richte meine Energie auf meine Ziele.

Mein Wissen und mein Handeln sind im Gleichgewicht.

Voller Tatkraft freue ich mich auf den nächsten Tag.

Ich liebe Ordnung in meinem Leben.

Ich bin ein starker Mensch.

Ich kenne den Zweck meines Lebens und erfülle ihn.

Ich leite (jetzt) positive Veränderungen ein.

Ich bin strahlende Lebenskraft.

Ich bin ein fokussiertes und entschlossenes Individuum.

Jeden Morgen bin ich voller Begeisterung und Tatkraft.

Ich lasse jeden Tag zu einer schönen Blume erblühen.

Meine Gedanken sind positiv und liebevoll.

Ich stelle mich meinem Leben erfolgreich.

Ich nutze meine Zeit und meine Energie dort, wo sie die besten Resultate erzielen.

Ich habe eine starke Willenskraft und Entschlossenheit.

Ich bin voller Kraft und Elan.

Ich bin aktiv und voller Tatendrang.

Ich schaffe das.

Ich nutze meine Kraft intelligent und weise.

Ich konzentriere mich darauf, was in meinem Leben wichtig ist.

Ich leiste einen wichtigen Beitrag für die Welt.

Ich habe mein Leben unter Kontrolle.

Ich bin einzigartig.

Ich respektiere und gebrauche meine besonderen Kenntnisse und Fähigkeiten.

Ich vertraue auf meine innere Stärke.

Ich wähle mein eigenes (positives) Selbstbild.

Ich bin voller Arbeitseifer.

Ich öffne mich der Schönheit des Lebens.

Ich leiste einen einzigartigen, besonderen Beitrag.

Meine innere Kraft wird jeden Tag stärker.

Ich bin frei und stark.

Ich verfüge über riesige Möglichkeiten.

Ich handle eigenständig und nutze meine Kräfte optimal.

Mein Wert erhöht sich durch alles, was ich tue.

Ich gehe meinen Weg.

Ich bin bereit, jede Herausforderung erfolgreich zu meistern.

Ich bin offen für Neues.

Ich wirke und lebe im Jetzt.

Ich bin eine starke, fähige Person, die große Dinge erreicht.

Sinn und Zweck meines Lebens werden mir immer klarer.

Ich bin bereit, meine Talente einzusetzen, um positive Veränderungen in meinem Leben zu schaffen.

Ich habe die Kraft, mich zu behaupten und meine eigenen Entscheidungen zu treffen.

Ich erschaffe mir das Leben, das ich liebe.

Meine Energie ist auf meine Ziele fokussiert.

Ich gebe anderen Gutes und lasse mir von ihnen Gutes geben.

Ich rufe den Mut und die Kraft auf, mich meinem Leben zu stellen.

Ich bin stark genug, ich selbst zu sein.

Das Leben begeistert mich jeden Tag aufs Neue.

Ich gebe und empfange jeden Tag Kraft.

Ich fühle mich so stark wie seit Langem nicht mehr.

Ich freue mich über meine Tatkraft und bin dankbar für sie.

Ich fühle mich emotional und mental stark.

Jede Situation ist eine Lernerfahrung.

Ich vertraue mir und weiß, dass ich alles schaffen kann.

Ich habe großen Mut und große Stärke.

Ich atme Kraft und Mut ein.

Ich spüre, wie ich mit Freude und Begeisterung vorankomme.

Ich lerne, zu leben, und bin willens, zu wachsen.

Ich habe die Kraft, Gefühle der Freude und des Glücks zu erzeugen.

Jeder Tag ist ein neuer Anfang.

Mutig und entschlossen gehe ich meinen Weg.

Ich kann mich über alles bisher Bekannte hinaus entwickeln.

Ich fühle mich gesund und stark.

Ich konzentriere mich auf meine innere Stärke und Kraft.

Ich habe Kraft, Stärke und Wissen, um alles in meinem Leben zu gestalten.

Selbstachtung

> *Kein Mensch kann sich wohlfühlen, wenn er sich nicht selbst akzeptiert.*
>
> *Mark Twain*

Ich erkenne die vielen guten Eigenschaften, die ich habe.

Ich fühle mich jeden Tag zufriedener mit mir selbst.

Ich bin ein guter Mensch.

Ich strahle Selbstachtung, inneren Frieden und Liebe aus.

Ich sehe mich selbst in einem positiven Licht.

Ich umgebe mich mit Menschen, die das Beste in mir hervorbringen.

Ich werde jeden Tag ein besserer Mensch.

Ich behandle mich gut.

Ich mache mein Leben zur Priorität.

Ich schätze mich selbst und nutze meine Zeit mit Bedacht.

Ich glaube an mich selbst.

Ich kenne und respektiere meinen Wert.

Ich nehme mich an und liebe mich.

Ich behandle mich mit Respekt.

Ich verdiene alles, was gut ist.

Ich bin die wichtigste Person in meinem Leben.

Ich konzentriere mich auf das Positive.

Ich bin ein großartiger Mensch.

Ich bin in der Lage, meine Gefühle auszudrücken.

Ich fühle mich gut dabei, ich selbst zu sein.

Es ist okay, ich zu sein.

Es gibt für mich in jedem Bereich meines Lebens erstaunliche Möglichkeiten.

Bei allem, was ich tue, bin ich mir selbst treu.

Ich fange an, mich jeden Tag ein bisschen besser zu fühlen.

Ich erkenne jetzt, dass ich ein wunderbarer Mensch bin.

Ich bin mutig und stark.

Ich bin ein wunderbarer Mensch.

Ich verfüge über eine Fülle an positiver Energie.

Ich bin fähig, selbstbewusst und klug.

Ich liebe die Person, zu der ich jeden Tag mehr und mehr werde.

Ich weiß, dass ich gute Eigenschaften habe, und erkenne sie mit jedem Tag mehr in mir selbst.

Ich sorge mich um mich und andere.

Ich mag mich jeden Tag mehr.

Ich schätze meinen Verstand, meinen Körper und meinen Geist.

Ich liebe Veränderungen und kann mich leicht an neue Situationen anpassen.

Ich liebe und respektiere mich selbst.

Ich tue das nur für mich.

Ich bin zuversichtlich, stark und mächtig.

Ich bin offen für die Wahrnehmung meiner tief empfundenen Bedürfnisse.

Ich gehe liebevoll mit mir selbst um.

Selbstvertrauen

Wir werden nicht von den Umständen geschaffen; wir sind Schöpfer der Umstände.

Benjamin Disraeli

Ich mag mich so, wie ich bin.

Ich bin ein guter Mensch.

Mit jedem Atemzug atme ich Vertrauen ein und atme meine Schüchternheit aus.

Ich weiß, wer ich bin und was ich kann.

Ich habe vollen Zugriff auf meine Fähigkeiten und Talente.

Ich liebe mich ganz und gar.

Ich stehe zu meiner Meinung und äußere sie selbstbewusst.

Ich schaffe das.

Ich tue alles voller Selbstvertrauen.

Ich strahle Weisheit und Verständnis aus.

Ich bin so dankbar für mein starkes Selbstwertgefühl.

Ich kann mich so lieben, wie ich bin.

Ich akzeptiere mich selbst und weiß, wer ich bin.

Ich lerne gern neue Leute kennen und gehe immer mit Begeisterung und Mut auf sie zu.

Ich überwinde alle Hindernisse für ein vollkommenes Selbstvertrauen.

Ich gebe anderen ein Gefühl der Ruhe.

Meine Persönlichkeit strahlt Selbstvertrauen aus.

Ich fühle mich in jeder Situation sicher.

Mein Leben wird jeden Tag schöner und besser.

Ich bin aufgeschlossen und mutig.

Ich ziehe positive Menschen an.

Ich vertraue mir.

Ich bin ein Stehaufmännchen.

Ich bin zuversichtlich, dass ich mir eine positive Zukunft aufbauen kann.

Ich bin zuversichtlich, stark und mächtig.

Ich habe eine gute Einstellung zu mir selbst.

Ich habe meinen Platz im Leben.

Ich vertraue mich dem Fluss des Lebens an.

Ich bin zuversichtlich und optimistisch.

Meine Mitmenschen akzeptieren mich so, wie ich bin.

Ich lobe mich selbst für kleine und große Leistungen.

Ich bin wertvoll und wichtig.

Ich habe für jede Aufgabe eine gute Lösung.

Was ich fühle, ist stimmig für mich.

Ich treffe leicht Entscheidungen.

Ich glaube an mich.

Ich glaube jetzt, dass ich die Macht habe, mein Leben zu ändern.

Ich kann mich ändern.

Ich bin ein wunderbares Wesen und erfreue mich am Leben.

Herausforderungen des Lebens sehe ich als Chancen.

Ich fühle mich sicher und ruhe in mir.

Ich vertraue anderen.

Ich allein bin für mein Leben verantwortlich.

Ich finde immer etwas Gutes in anderen.

Ich bin stets sicher und geborgen.

Ich wage es, mich so zu zeigen, wie ich bin.

Ich finde immer einen Weg, herausfordernde Situationen zu meistern.

Ich darf selbst entscheiden, wie mein Leben aussieht.

Ich werde jetzt so akzeptiert und geliebt, wie ich bin.

Ich genieße Herausforderungen, weil sie mir helfen, mein Bestes zu geben.

Ich bin optimistisch und glaube, dass alles stets zu meinen Gunsten verläuft.

Ich vertraue mir selbst und meinen Fähigkeiten.

Ich fühle mich großartig.

Ich darf sein, wie ich bin.

Ich lasse es zu, gerührt und berührt zu sein.

Ich kann vertrauen, ich darf vertrauen. Vertrauen ist gut für mich.

Ich trete sicher auf.

Ich bin gut.

Das Gute verwirklicht sich in meinem Leben.

Ich vertraue auf meine innere Stärke.

Ich bin unabhängig und erfolgreich.

Ich habe großartige Fähigkeiten und Talente.

Ich sorge gut für mich.

Meine Begeisterung für das Leben inspiriert andere.

Ich bin mit mir zufrieden.

Ich verfüge über ein gesundes Selbstvertrauen.

Ich bin der Kapitän meines Lebens.

Ich konzentriere mich beharrlich darauf, meine Ziele zu erreichen.

Ich bin einfallsreich und kompetent.

Ich habe großes Vertrauen in die Zukunft.

Ich bin stolz auf mich.

Ich akzeptiere und trage die Verantwortung für mein Leben.

Ich vertraue dem Leben und mache das Beste daraus.

Ich meistere mein Leben mit Leichtigkeit.

Ich meistere meine Herausforderungen mit Bravour.

Ich baue ein reichhaltiges, wunderbares Leben für mich und meine Lieben auf.

Ich habe hundertprozentiges Vertrauen in mich selbst.

Ich bin jeder Veränderung gewachsen.

Jeden Tag lebe ich mein Leben in vollen Zügen.

Ich glaube daran, dass alles möglich ist.

Ich gehe meinen Weg.

Es fällt mir leicht, meine Meinung zu sagen und mich auszudrücken.

Ich folge meinen Prinzipien.

Ich trage die Verantwortung für mein Leben.

Ich bin zuversichtlich.

Ich tue alles, was sich richtig anfühlt, und habe in jeder Situation Erfolg.

Ich spreche selbstbewusst vor allen.

Ich bin sehr kompetent und erreiche meine Ziele.

Ich bin erstaunlich, und ich lebe ein wunderbares Leben.

Meine Persönlichkeit strahlt Selbstvertrauen aus.

Alles, was ich brauche, kommt zur richtigen Zeit zu mir.

Ich gehöre dazu.

Ich sage Ja zum Leben.

Ich drücke meine Gedanken und Gefühle immer voller Selbstvertrauen aus.

Ich bin kontaktfreudig und sicher in sozialen Situationen.

Alle meine Entscheidungen wirken sich positiv auf mein Leben aus.

Ich denke nur positiv über mich.

Jeder Tag ist ein besonderer Tag.

Ich habe Kraft und Autorität.

Ich habe viele Freunde.

Mein Vertrauen in mich selbst wird von Tag zu Tag stärker.

Jeden Tag werde ich in jeder Hinsicht immer selbstbewusster.

Ich glaube an mich selbst und meine Fähigkeit zum Erfolg.

Ich bin zuversichtlich, dass ich mich im Leben weiterentwickle.

Ich darf sein, wie ich bin.

Meine Gefühle machen mich menschlich.

Ich gehe auf andere zu.

Ich bin ein selbstbewusster Mensch.

Mein Selbstvertrauen wächst mit jedem Tag.

Ich folge meiner inneren Führung voller Vertrauen.

Ich bin kontaktfreudig.

Mein zunehmendes Selbstvertrauen verbessert mein Leben.

Ich genieße es, selbstbewusst zu sein.

Ich verfolge jedes meiner Ziele mit absoluter Zuversicht.

Intelligenz, Mut und Selbstvertrauen gehören zu mir.

Ich bin verantwortlich für mein Leben und kann Dinge verändern.

Ich vertraue auf mich selbst und habe volles Vertrauen in meine Fähigkeiten.

Ich gehe mit Mut und Überzeugung voran.

Das Universum sendet mir, was ich brauche.

Ich habe eine positive Einstellung zu mir selbst.

Meine Gedanken, Worte und Taten sind im Einklang mit der Schöpfung.

Ich entscheide mich jetzt dafür, mich wohl zu fühlen.

Meine Gedanken und Meinungen sind wertvoll.

Ich bin authentisch.

Ich stehe zu mir und meinen Fähigkeiten.

Ich bin immer ich selbst.

Ich kann meine eigenen Wege gehen.

Ich gehe mit Bestimmtheit meinen Weg.

Ich bin der Gestalter meines Lebens.

Ich habe eine hohe Selbstachtung und ein starkes Selbstwertgefühl.

Ich schätze mein Selbstvertrauen.

Ich drücke mich mit Zuversicht aus.

Ich sehe meine Fähigkeiten, meine Talente und mein Potenzial.

Ich bin innerlich und äußerlich schön.

Ich stehe für mich ein.

Ich allein bin verantwortlich für mein Leben.

Ich bin mir selbst Lob genug.

Ich bin einzigartig.

Ich liebe mich so, wie ich bin.

Mein Leben liegt in meiner eigenen Hand.

Ich übernehme die Verantwortung für mein Leben.

Ich verdiene nur das Beste.

Ich bin mir meiner Talente und Fähigkeiten bewusst.

Ich finde immer zu mir zurück.

Am Ende ist alles gut.

Ich mache aus jedem Tag einen guten Tag.

Ich bin die wichtigste Person in meinem Leben.

Ich tue es aus tiefstem Herzen.

Wohlstand und Erfolg

Beruf und Karriere

Persönlichkeiten werden nicht durch schöne Reden geformt, sondern durch Arbeit und eigene Leistung.

Albert Einstein

Ich liebe meinen Beruf.

Ich bin erfolgreich, denn das, was ich tue, macht mir Spaß.

Ich erlebe ein gutes Arbeitsklima.

Ich suche aktiv die perfekte Karriere für mich.

Ich akzeptiere (jetzt) neue Karrieremöglichkeiten.

Ich verdiene eine erfolgreiche Karriere.

Ich ziehe die perfekte Karriere an, die zu meinen Talenten passt.

Mein neuer Job bringt Freude und Zufriedenheit in mein Leben.

Fantastische Karrieremöglichkeiten bieten sich mir.

Mein idealer Job kommt (jetzt) zu mir.

Zu meinen Arbeitskollegen habe ich ein harmonisches und freundschaftliches Verhältnis.

Ich fühle mich unglaublich erfüllt in meiner Karriere.

Mein Job bietet mir völlige Gestaltungsfreiheit.

Ich habe ein ausgezeichnetes Verhältnis zu meinen Arbeitskollegen.

Mein Job bietet mir tolle Vergünstigungen.

Meine Karriere entwickelt sich stetig.

Ich löse alle Hindernisse auf, um meine Ziele zu erreichen.

Ich habe Spaß (Freude) an meiner Arbeit.

Alles, was ich anfasse, gelingt mir.

Ich habe (jetzt) einen wunderbaren Job, den ich liebe.

Ich mache bei jedem Bewerbungsgespräch einen guten Eindruck.

Meine Arbeit erfüllt mich.

Ich leiste gute Arbeit und bin stolz auf mich.

Ich habe den besten Job der Welt.

Meine Arbeit erfüllt mich, und ich entwickle mich immer weiter und weiter.

Ich erledige meine Arbeit mit Freude und sichere mir dadurch mein Einkommen.

Ich lebe meine Berufung.

Ich freue mich auf jeden neuen Arbeitstag.

Ich bin voller Arbeitseifer.

Ich bin ein Teamplayer.

Ich unterstütze mein Team.

Ich bleibe während meiner Arbeit in jeder Situation ruhig, gelassen und freundlich.

Ich bin ein guter Vorgesetzter.

Ich freue mich darauf, in meinem Leben voranzukommen.

Ich habe ein gutes Arbeitsklima.

Ich sorge für (schaffe) ein gutes Arbeitsklima.

Ich motiviere meine Mitarbeiter und Kollegen durch Lob und Anerkennung.

Ich kann gut mit Autorität umgehen und werde respektiert.

Ich bin erfolgreich, weil ich meiner Arbeit mit Begeisterung nachgehe.

Ich bin der perfekte Geschäftspartner.

Ich kann Nein sagen.

Ich tue gern, was ich zu tun habe.

Ich erhalte Achtung und Anerkennung für meine wertvollen Dienste.

Ich tue das, was genau jetzt getan werden muss.

Ich halte durch und schaffe das.

Ich habe einen lohnenden Job mit guter Bezahlung.

Ich treffe klare Entscheidungen.

Ich arbeite gern und mit Freude.

Ich bringe das Projekt zu einem erfolgreichen Abschluss.

Ich bin begeistert, arbeite konzentriert und bringe das Projekt schnell voran.

Ich ziehe mit meiner positiven Ausstrahlung gute Kunden an.

Meine Arbeit wird geschätzt und geachtet.

Ich erledige meine Aufgaben auf entspannte Art und Weise und genau in der dafür notwendigen Zeit.

Ich kann gut delegieren.

Ich bin ein geschätzter Mitarbeiter.

Ich mache Karriere, und es macht mir Spaß.

Ich treffe immer die beste Berufswahl für mich.

Ich bin zuversichtlich, dass mein idealer Job gleich um die Ecke ist.

Ich bin so glücklich und dankbar für meine erfolgreiche Karriere.

Ich arbeite die richtige Anzahl an Stunden, um meinen Bedürfnissen gerecht zu werden.

Ich habe eine spannende und tolle Karriere.

Von Tag zu Tag mache ich bessere und bessere Geschäfte.

Voller Eifer und Begeisterung arbeite ich an der Steigerung meines Einkommens.

Ich weiß, was ich will, und arbeite konsequent.

Ich kenne den Markt und nutze mein Wissen zum Vorteil aller.

Ich erkenne klar und deutlich, an welchem Projekt ich jetzt arbeiten muss.

Ich kann andere leicht von meiner Sache überzeugen.

Mit meiner Ausstrahlung ziehe ich gute Geschäftspartner an.

Ich erledige meine Arbeit (jetzt) mit Freude und Begeisterung.

Ich kreiere Erfolg.

Ich bin teamfähig.

Ich ernte tausendfach, was ich säe.

Ich arbeite jetzt an den wichtigsten Dingen.

Ich leite mit Umsicht, Weisheit und Klugheit meine Firma (Gruppe, Team, ...).

Ich erkenne klar und deutlich, mit welchen Ideen (Projekten) ich ein sehr gutes Einkommen erzielen kann.

Mein Herz ist voller Freude, wenn ich an die Arbeit denke.

Stetig steigere ich meine Umsätze.

Ich arbeite in einem tollen Team.

Ich bin stolz auf meine Arbeit.

Meine Aufgaben gehen mir leicht von der Hand.

Ich schließe mein Projekt erfolgreich (gewinnbringend) ab.

Meine Kollegen schätzen und achten mich.

Ich bin ein Gewinn für meinen Arbeitgeber.

Meine Meinung ist gefragt.

Ich habe immer eine zufriedenstellende und gut bezahlte Arbeit.

Erfolg

Erfolgreich zu sein setzt zwei Dinge voraus: Klare Ziele und den brennenden Wunsch, sie zu erreichen.

Johann Wolfgang von Goethe

Ich sage Ja zum Erfolg.

Ich liebe Herausforderungen, weil ich Erfolg liebe.

Ich ziehe Erfolg in meinem Leben an.

Ich werde jeden Tag in jeder Hinsicht immer erfolgreicher.

Der Erfolg begleitet mich auf Schritt und Tritt.

Mein Leben ist erfüllt von Erfolg.

Ich verdiene es, erfolgreich zu sein.

Ich habe ein wunderbares, erfolgreiches Leben.

Ich bin des Erfolgs würdig.

Ich gebe zu jedem Zeitpunkt mein Bestes.

Ich bin reich und erfolgreich.

Mein Lebensgefühl ist Erfolg.

Ich habe eine positive Einstellung zum Erfolg.

Ich ziehe Erfolg in mein Leben.

Ich beschließe, erfolgreich zu sein.

Mein Erfolg macht mich glücklich und zufrieden.

Ich bin ein Erfolgsmagnet.

Mein Geist ist darauf ausgerichtet, Erfolg in mein Leben zu bringen.

Heute gelingt mir alles.

Ich ziehe die Menschen und Chancen an, die ich für meinen Erfolg benötige.

Jeder Tag bringt mehr Erfolg in mein Leben.

Meine Beziehungen sind ein Erfolg.

Alles, was ich tue, bringt mir noch mehr Erfolg.

Ich erreiche alles, was ich mir vorgenommen habe.

Ich bin umgeben von erfolgreichen, positiven Menschen.

Ich bin ein Gewinner, ich bin erfolgreich.

Ich entfalte mein gesamtes Potenzial.

Ich bin erfolgreich und stark.

Ich weiß, dass ich das Zeug dazu habe, großen Erfolg zu erzielen.

Bei allem, was ich tue, habe ich die Macht, Erfolg zu haben.

Ich bin (sehr) erfolgreich.

Ich bin voller Arbeitsfreude und Tatkraft.

Jeder Tag präsentiert mir wunderbare Möglichkeiten des Wachstums und des Erfolgs.

Ich habe großen Erfolg, weil ich andere so behandle, wie ich es auch von ihnen erwarte.

Mein Geschäft wird von Tag zu Tag erfolgreicher.

Ich erreiche alle meine Ziele erfolgreich.

Es fällt mir leicht, Entscheidungen zu treffen.

Ich sende strahlende Kraft aus und ziehe somit alles Hilfreiche an.

Ich bringe Erfolg hervor.

Ich konzentriere mich auf meine Chancen und nutze sie.

Ich sehe, fühle und erkenne meinen Chancen und nutze sie.

Ich habe Vertrauen und glaube an mich.

Überall bieten sich mir herausragende Chancen.

Alles Gute wird von mir machtvoll angezogen.

Erfolg zieht mich jeden Tag an.

Ich bin voller Entschlossenheit und Kraft.

Ich schaffe alles.

Ich bin Inhaber eines (sehr) erfolgreichen Unternehmens.

Wenn ich morgens aufwache, freue ich mich auf den neuen, erfolgreichen Tag.

Ich danke für den großen Erfolg in meinem Leben.

Ich wage (jetzt) das Abenteuer der Veränderung und erlebe Wachstum und Erfolg.

Ich bin voll grenzenloser Energie; mir ist alles möglich.

Ich bin ein Magnet für Erfolg.

Ich bin erfolgreich, da ich immer halte, was ich verspreche.

Worauf auch immer ich mich konzentriere – ich erreiche es.

Der Erfolg folgt mir auf Schritt und Tritt.

Ich bin bereit, neue Dinge zu erfahren und zu lernen.

Täglich trete ich aus meiner Komfortzone heraus und wage Neues.

Meine Energie strahlt Erfolg und Wohlstand aus.

Ich weiß, dass meine Zukunft erfolgreich ist.

Ich treffe in meinem Leben immer die richtigen Entscheidungen.

Ich bin voller Energie und Kraft.

Ideen, Geldmittel, Waren und Kontakte stehen mir jederzeit zur Verfügung.

Was ich anfasse, mache ich zu meinem Meisterstück.

In allen Dingen gebe ich jederzeit mein Bestes.

Ich bin umgeben von erfolgreichen Personen.

Intuitiv werde ich zu den Menschen geleitet, mit denen gemeinsam ich erfolgreich arbeite.

Intuitiv wähle ich die richtigen Kontakte.

Ich erwarte Erfolg, und er fließt leicht in mein Leben.

Ich fühle mich erfolgreich und zuversichtlich.

Ich glaube an meinen Erfolg.

Ich bin das Geheimnis meines Erfolgs.

Ich bin immer zur richtigen Zeit am richtigen Ort.

Ich gehe meinem Erfolg mutig entgegen.

Ich bin der erfolgreiche Manager meines Lebens.

Ich lasse positive Gedanken und Worte für mich arbeiten.

Mir stehen alle Mittel und Möglichkeiten zur Verfügung.

Ich bin ein Gewinner und außerordentlich erfolgreich.

Ich erkenne jederzeit, was am besten für mich ist, und handle entsprechend.

Locker (Schnell, ...) erreiche ich meine Ziele.

Alles kommt im richtigen Augenblick zu mir.

Geld

Am reichsten sind die Menschen, die auf das meiste verzichten können.

Rabindranath Tagore

Ich verdiene es, wohlhabend zu sein.

Große Summen kommen in vielerlei Hinsicht zu mir.

Mein Verstand konzentriert sich auf Reichtum und Fülle.

Ich kann mir leisten, was ich brauche.

Meine finanzielle Sicherheit wächst mit jedem Tag.

Ich liebe es, Geld für meine Familie und meine Freunde auszugeben.

Mein finanzieller Reichtum ermöglicht es mir, anderen Menschen zu helfen.

Ich danke für ein Leben voller Gesundheit, Reichtum, Glück und Selbstverwirklichung.

Ich habe finanziellen Erfolg.

Ich habe immer mehr, als ich brauche.

Ich bin finanziell unabhängig (erfolgreich).

Ich sehe ständig neue Verdienstmöglichkeiten und nutze sie.

Ich habe immer genug Geld.

Ich bin sicher, dass ich mir leisten kann, was ich will.

Meine Gedanken über Geld sind immer positiv.

Ich glaube an meine Fähigkeit, Geld zu verdienen.

Ich habe immer einen positiven Kontostand.

Jeder Tag ist ein reicher Tag.

Reichtum bringt mir Freude und Glück.

Ich habe das Recht, wohlhabend zu sein.

Meine finanziellen Träume werden wahr.

Ich verdiene es, wohlhabend zu sein.

Ich erreiche immer meine finanziellen Ziele.

Ich erlaube mir, reich zu sein.

Ich erlaube mir, Geld für mich auszugeben.

Ich verdiene finanzielle Freiheit.

Meine Brieftasche ist immer voller Geld.

Mein Einkommen steigt ständig.

Lernen und Wissen

Lernen ist wie Rudern gegen den Strom. Hört man damit auf, treibt man zurück.

Laotse

Ich habe Spaß am Lernen.

Ich freue mich auf das Lernen.

Ich liebe es, zu lernen, denn Lernen macht Spaß.

Ich habe eine schnelle Auffassungsgabe.

Neues merke ich mir leicht.

Prüfungen bestehe ich mit positiven Ergebnissen.

Ich freue mich darauf, wieder etwas zu lernen.

Ich gehe optimal vorbereitet und konzentriert in die Prüfung und meistere sie mit Bravour.

Ich lerne von Tag zu Tag leichter, besser und schneller.

Ich verstehe schnell und erinnere mich leicht.

Ich bin intelligent.

Wissen erweitert meinen Horizont und begeistert mich.

Ich kann mein Wissen jederzeit leicht wiedergeben.

Wissen fließt mir leicht und natürlich zu.

Wichtiges behalte ich leicht.

Ich nehme neues Wissen schnell und leicht auf.

Ich lerne konzentriert.

Lernen macht klug; das weiß ich, und es ist mir immer bewusst.

Ich bin klug, und Lernen fällt mir leicht; es macht mein Leben schön und interessant.

Ich bin bereit, zu lernen.

Je mehr ich lerne, desto mehr wachse ich.

Ich öffne mich dem Lernstoff mit meinem Herzen und all meinen Sinnen.

Jeden Tag lerne ich etwas Neues.

Ich habe ein gutes Namensgedächtnis.

Durch meine fokussierte Aufmerksamkeit lerne ich schnell und leicht.

Ich habe die Freiheit, zu lernen, wofür auch immer ich mich entscheide.

Mein Gedächtnis verbessert sich von Tag zu Tag in jeder Hinsicht.

Ich erfreue mich an meinen Fähigkeiten.

Ich liebe es, zu lesen; ich bin ein begeisterter Leser.

Mein Wissen und mein Handeln sind jetzt im Gleichgewicht.

Ich nehme den Lernstoff schnell und leicht auf.

Von Tag zu Tag werde ich besser und besser.

In meinem Leben habe ich die besten Chancen und Möglichkeiten und nutze sie.

Ich bin so dankbar für mein großartiges Wissen.

Ich nehme Informationen auf und verstehe schnell.

Täglich erweitere ich meinen Horizont.

Mit meinem Wissen helfe und unterstütze ich andere.

Ich bin neugierig und lernbegierig.

Ich benutze mein Wissen im positiven Sinn.

Ich bin offen für Neues.

Ich lerne spielereich und leicht.

Mit meinem Wissen und Tun bin ich ein Segen für viele Menschen.

Ich lerne für mich.

Ich lerne schnell und leicht.

Ich erinnere mich stets mit Leichtigkeit an die Namen der Leute.

Ich habe ein besonders gutes Erinnerungsvermögen.

Ich bin in der Lage, alle Informationen abzurufen, die ich benötige.

Ich liebe und schätze mein Gehirn und die wunderbare Arbeit, die es jeden Tag leistet.

Ich kann mich leicht an kleine Details erinnern.

Mein Gedächtnis wird von Tag zu Tag besser.

Ich bin so dankbar für mein fantastisches Erinnerungsvermögen.

Ich erinnere mich leicht an die Ereignisse aus meiner Vergangenheit.

Ich vertraue darauf, dass mein Gedächtnis Informationen liefert, wenn ich sie brauche.

Ich habe ein fotografisches Gedächtnis, wenn es um Bücher geht, die ich lese.

Ich habe ein ausgezeichnetes Zahlengedächtnis.

Ich finde es unglaublich einfach, mich an die Gesichter von Menschen zu erinnern.

Ich erinnere mich leicht an Fakten.

Mein Gedächtnis wird mit jedem Tag besser.

Meine Fähigkeit, mich an Vergangenes zu erinnern, verbessert sich jeden Tag.

Ich erinnere mich leicht und mühelos an Informationen.

Ich erinnere mich an alles, was ich lerne.

Ich liebe es, mein Gedächtnis zu trainieren.

Ich hole mit absoluter Leichtigkeit Informationen aus dem Gedächtnis.

Wohlstand und Fülle

Vier Säulen stützen den Tempel der irdischen Glückseligkeit: Gesundheit, Gemütsruhe, Wohlstand und Freundschaft.

Francis Bacon

Das Universum führt mich von einer erfolgreichen Situation zur nächsten.

Ein steter Strom der Fülle fließt auf mich zu.

Ich bin wohlhabend und glücklich.

Ich danke jeden Tag für die Fülle in meinem Leben.

Ich lebe mit Geld in Harmonie.

Ich gehe weise mit meinem Wohlstand um.

Ich erfreue mich finanzieller Sicherheit.

Mein Wohlstand segnet auch andere.

Ich glaube an meinen unbegrenzten Wohlstand.

Ich weiß, dass mir die Fülle grenzenlos zusteht.

Es geht mir finanziell immer besser und besser.

Ich bin stets dankbar für den Reichtum in meinem Leben.

Ich habe (absolute) Gewissheit, Wohlstand zu erlangen und zu schaffen.

Ich gehe mit meinem Wohlstand stets verantwortungsbewusst um.

Mich erwarten Segen und Reichtum.

Ich spare und gehe mit meinem Geld weise um.

Ich werde jeden Tag finanziell wohlhabender.

Fülle fließt leicht und mühelos in mein Leben.

Ich erfreue mich finanzieller Sicherheit.

Ich bin kreativ und finde immer neue Wege, um meinen Wohlstand zu vermehren.

Mein Wohlstand trägt zum Wohlergehen meiner Mitmenschen bei.

Ich male mir Fülle, Wohlstand und Reichtum im Überfluss aus.

Ich akzeptiere den Fluss der Fülle in meinem Leben.

Ich bin mit finanziellem Erfolg gesegnet und segne andere.

Ich habe immer genug Geld für alles, was ich benötige.

Ich lasse die Fülle in allen Bereichen meines Lebens frei fließen.

Ich mache das Beste aus meinem Wohlstand.

Ich habe jetzt Wohlstand und Fülle in allen Bereichen meines Lebens.

Ich ziehe Reichtum und alle Chancen für den finanziellen Erfolg an.

Ich bin bereit, zu schenken und beschenkt zu werden.

Mit meinem Erfolg wächst der Erfolg anderer.

Ich verdiene Fülle in meinem Leben und genieße sie.

Ich segne die grenzenlose Fülle in meinem Leben.

Ich benutze meinen Reichtum und Wohlstand klug.

Je mehr ich gebe, desto mehr empfange ich.

Es ist immer genug für mich da.

Ich habe ein ausreichendes Monatseinkommen.

Meine gesamten Erfahrungen tragen zu Wachstum und Wohlstand bei.

Geld lehrt wichtige Lektionen und ist wertvoll.

Ich bin großzügig und teile mit anderen.

Alles verwandelt sich für mich in Reichtum und Überfluss.

Ich bin dankbar für meinen Wohlstand auf allen Ebenen.

Ich sorge gut für die, die ich liebe.

Ich zahle meine Schulden zurück und genieße das Gefühl der Freiheit.

Ich begleiche meine Verpflichtungen und genieße das Gefühl der Freiheit.

Ich atme Wohlstand, ich träume Überfluss, ich erlebe Erfolg.

Ich sorge gut für meine Familie.

Mit Leichtigkeit erreiche ich meine finanziellen Ziele.

Ich weiß jetzt, wie ich mit Freude Geld anziehe.

Mein Wohlstand trägt zu meinem Wohlergehen bei.

Ich bin reich, glücklich und fühle mich wohl.

Ich erlaube mir, noch mehr Gutes anzunehmen und weiterzugeben.

Ich habe einen unendlichen Vorrat an Fülle in jedem Aspekt meines Lebens.

Es fließt ein kontinuierlicher Strom von Fülle in mein Leben.

Ich bin hilfsbereit und helfe Menschen mit meinen finanziellen Mitteln.

Ich bin mir selbst gegenüber großzügig.

Wohlstand ist Freude und Fülle.

Ich lasse Reichtum und Fülle in mein Leben fließen.

Ich gehe mit den mir zur Verfügung stehenden Mitteln verantwortungsvoll um.

Mein Leben ist mit Überfluss und Wohlstand gesegnet.

Ich heiße den Wohlstand willkommen.

Ich freue mich, mit anderen teilen zu können.

Das Universum lässt mich (jetzt) an seiner unendlichen Fülle teilhaben.

Wohlstand ist mir willkommen.

Ich habe leicht und mit Freude finanziellen Erfolg.

Ich spende ... Prozent meines Einkommens, mit dem ich sehr gesegnet bin.

Ich freue mich über die Aussicht auf Reichtum und Wohlstand.

Ich erlange durch Freude Geld, Fülle und Wohlstand.

Ich fühle mich gut, was meine Ausgaben angeht.

Ich visualisiere täglich die Schaffung von Wohlstand.

Ich lebe in einem reichen und reichhaltigen Universum.

Das Gesetz der Anziehung bringt nur Gutes in mein Leben.

Ich lebe in einem Universum der Fülle.

Ich genieße jetzt meinen großen finanziellen Wohlstand.

Ich tue, was ich liebe, und das Geld strömt zu mir.

Ich sehe (jetzt) Chancen, Wohlstand für mich und für alle um mich herum zu schaffen.

Ich bin innerlich und äußerlich reich.

Ich habe immer genügend Geld für meinen Bedarf.

Ich danke für den wunderbaren finanziellen Reichtum, der sich jetzt in meinem Leben manifestiert.

Ich stelle mir für mich und meine Mitmenschen Fülle, Wohlstand und Reichtum im Überfluss vor.

Je mehr ich habe, desto mehr kann ich anderen helfen.

Ich verhelfe anderen zu Wohlstand.

Ich habe eine positive Einstellung zum Überfluss.

Ich lebe in Fülle und Wohlstand.

Je mehr ich gebe, desto mehr erhalte ich.

Ich habe mehr, als ich brauche, und deshalb teile ich gern mit meinen Mitmenschen.

Ich habe immer alles, was ich benötige.

Ich lade andere ein, an meinem Überfluss teilzuhaben.

Das Geld, das ich ausgebe, bereichert die Gesellschaft und kehrt vielfältig zu mir zurück.

Mein Glaube an die Fülle wächst täglich.

Durch mein Denken, Sprechen und Handeln stelle ich jetzt die Weichen für meinen Wohlstand.

Ich vertraue auf meine stets wachsende Fähigkeit, Wohlstand und Reichtum zu erschaffen.

Ich gehe klug und weise mit meinen Mitteln um.

Ich erlaube mir, die Fülle meines Lebens zu genießen.

Ich bin die Quelle meines Wohlstands und meines Reichtums.

Mein Einkommen übersteigt meine Ausgaben.

Ich kümmere mich jetzt um mein eigenes Wohl sowie um das Wohl anderer.

Ich sende meinen Mitmenschen Gedanken des Wohlstands.

Voller Wertschätzung bezahle ich meine Rechnungen.

Überall bieten sich Chancen, und ich realisiere die besten.

Ich weiß (glaube), dass finanzieller Wohlstand moralisch richtig ist.

Ich bin glücklich, dass ich mit meinem Wohlstand anderen helfen kann.

Je reicher ich bin, desto besser kann ich meinen Mitmenschen helfen.

Ich schaffe jeden Tag auf mühelose Weise immer mehr von dem, was ich will.

Ich bin finanziell unabhängig und frei.

Geld fließt in mein Leben.

Ich erschaffe jetzt ein erfolgreiches Geschäft.

Ich kann haben, was immer ich mir wünsche.

Ich bin offen für Reichtum, Gesundheit und Glück.

Mein Bewusstsein ist von Wohlstand und Reichtum erfüllt.

Ich habe immer alles, was ich brauche, und bin dankbar dafür.

Ich entscheide mich für ein Leben im Wohlstand.

Ich kann erschaffen, was auch immer ich möchte.

Ich erlaube mir, mehr zu haben, als ich für möglich halte.

Mein Geld ist eine Quelle des Guten für mich und für andere.

3.

Fragebogen

Unsere Gedanken bestimmen unsere Gefühle – entweder auf negative, neutrale oder positive Art und Weise. Gefühle können wir mit Blick auf die Vergangenheit, die Gegenwart oder die Zukunft verspüren. Obwohl es erstrebenswert ist, sich in allen drei Zeiten glücklich und zufrieden zu fühlen, ist das nicht immer der Fall. Es ist durchaus möglich, mit Stolz und Befriedigung auf die Vergangenheit zu blicken, über die Gegenwart verbittert zu sein und sich die Zukunft pessimistisch auszumalen. Ebenso ist es möglich, viel Freude in der Gegenwart zu erleben, aber mit Groll auf die Vergangenheit und ohne Hoffnung in die Zukunft zu blicken.

Indem Sie sich mit Hilfe der nachfolgenden Fragebogen selbst reflektieren, können Sie Ihren Gefühlen eine positive Richtung geben. Durch das Rezitieren von Affirmationen können Sie etwas daran ändern, wie Sie Ihre Vergangenheit sehen, wie Sie die Gegenwart erleben und wie Sie über die Zukunft denken.

Es sei jedoch ausdrücklich darauf hingewiesen, dass die hier angeführten Fragebogen eine professionelle Diagnostik durch einen Psychologen oder Psychotherapeuten nicht ersetzen können!

Antreiber-Fragebogen

Entlarven Sie Ihre inneren Antreiber!

Vielleicht haben Sie schon einmal etwas von inneren Antreibern gehört. Diese prägen unsere Denk- und Verhaltensmuster. „*Sei perfekt! Sei schnell! Sei stark! Sei gefällig! Streng dich an!*" Kommen Ihnen diese Sätze bekannt vor? Kein Wunder, denn diese fünf Antreiber begleiten uns mitunter seit der frühen Kindheit als „Stimme" unserer Eltern oder anderer wichtiger Bezugspersonen. Heute, Jahre oder auch Jahrzehnte später, wirken sie noch immer auf unser Denken, unsere Entscheidungen und damit natürlich auch auf unseren Lebens- und Arbeitsstil ein.

Die Wirkung dieser inneren Triebkräfte ist zumeist positiv. In Belastungssituationen können sich die inneren Antreiber, die Eric Berne, der Begründer der Transaktionsanalyse, eingeführt hat, jedoch als Schwächen entpuppen. Falls Sie Ihre inneren Antreiber falsch nutzen, werden sie zu Bremsen. Nur wenn Sie wissen, nach welchem Muster Sie agieren, können Sie den Fuß von der Bremse des Lebens nehmen und diese Antreiber zu Ihrem Vorteil nutzen.

Mit dem folgenden Fragebogen finden Sie heraus, warum und wo Sie sich manchmal selbst im Weg stehen.[41] So geht's: Beantworten Sie die 50 Fragen so ehrlich und spontan wie möglich! Bewerten Sie anhand der nachfolgenden Skala, in welchem Maße die Aussagen auf Sie zutreffen.[42]

---

[41] Digitales Ausfüllen ist möglich unter: http://www.lerncoaching-berlin.com/antreibertest.html (letzter Zugriff: 14.03.2020).

[42] Die auf der Transaktionsanalyse beruhende deutsche Fassung des Antreibertests ist von Dr. K. Kälin (Lachen/Schweiz) entwickelt und im Buch „Sich und andere führen" von K. Kälin und P. Müri (in erster Auflage 1985 erschienen im Ott Verlag, Thun/Schweiz) erstmals veröffentlicht worden (15. Auflage 2005).

Den Antreiber-Fragebogen können Sie auch ausdrucken, wenn Sie folgenden Link in Ihren Browser eingeben: http://bit.ly/Fragebogen-Antreiber

Hier der entsprechende QR-Code

Die Aussage trifft auf mich zu:

voll und ganz	=	5
ziemlich	=	4
etwas	=	3
kaum	=	2
gar nicht	=	1

Fragebogen:

1. ___ Wann immer ich eine Arbeit mache, dann mache ich sie gründlich.
2. ___ Ich fühle mich verantwortlich dafür, dass sich diejenigen, die mit mir zu tun haben, wohlfühlen.
3. ___ Ich bin ständig auf Trab.
4. ___ Anderen gegenüber zeige ich meine Schwächen nicht gern.
5. ___ Wenn ich raste, roste ich.
6. ___ Häufig gebrauche ich den Satz: *„Es ist schwierig, etwas so Genau zu sagen.“*
7. ___ Ich sage oft mehr, als eigentlich nötig wäre.
8. ___ Ich habe Mühe, Leute zu akzeptieren, die nicht genau sind.
9. ___ Es fällt mir schwer, Gefühle zu zeigen.
10. ___ *„Nur nicht lockerlassen“* ist meine Devise.
11. ___ Wenn ich eine Meinung äußere, begründe ich sie auch.
12. ___ Wenn ich einen Wunsch habe, erfülle ich ihn mir schnell.
13. ___ Ich liefere einen Bericht erst ab, wenn ich ihn mehrere Male

überarbeitet habe.

14. __ Leute, die herumtrödeln, regen mich auf.
15. __ Es ist wichtig für mich, von anderen akzeptiert zu werden.
16. __ Ich habe eine eher harte Schale, aber einen weichen Kern.
17. __ Ich versuche oft, herauszufinden, was andere von mir erwarten, um mich danach zu richten.
18. __ Leute, die unbekümmert in den Tag hineinleben, kann ich Nur schwer verstehen.
19. __ Bei Diskussionen unterbreche ich die anderen oft.
20. __ Ich löse meine Probleme selbst.
21. __ Aufgaben erledige ich möglichst rasch.
22. __ Im Umgang mit anderen bin ich auf Distanz bedacht.
23. __ Ich sollte viele Aufgaben noch besser erledigen.
24. __ Ich kümmere mich persönlich auch um nebensächliche Dinge.
25. __ Erfolge fallen nicht vom Himmel; ich muss sie hart erarbeiten.
26. __ Für dumme Fehler habe ich wenig Verständnis.
27. __ Ich schätze es, wenn andere auf meine Fragen kurz und bündig antworten.
28. __ Es ist mir wichtig, von anderen zu erfahren, ob ich meine Sache gut gemacht habe.
29. __ Wenn ich eine Aufgabe einmal begonnen habe, führe ich sie auch zu Ende.
30. __ Ich stelle meine Wünsche und Bedürfnisse zugunsten der Bedürfnisse anderer Personen zurück.
31. __ Ich bin anderen gegenüber oft hart, um von ihnen nicht verletzt zu werden.
32. __ Ich trommle oft ungeduldig mit den Fingern auf den Tisch.
33. __ Beim Erklären von Sachverhalten verwende ich gern die klare Aufzählung „*Erstens ...; zweitens ...; drittens ...*“.
34. __ Ich glaube, dass die meisten Dinge nicht so einfach sind, wie viele meinen.
35. __ Es ist mir unangenehm, andere Leute zu kritisieren.
36. __ Bei Diskussionen nicke ich häufig mit dem Kopf.
37. __ Ich strenge mich an, um meine Ziele zu erreichen.
38. __ Mein Gesichtsausdruck ist eher ernst.
39. __ Ich bin oft nervös.
40. __ So schnell kann mich nichts erschüttern.
41. __ Meine Probleme gehen die anderen nichts an.
42. __ Ich sage oft „*Das geht zu langsam*“.
43. __ Ich sage oft „*genau*“, „*exakt*“, „*klar*“, „*logisch*“.

44. __ Ich sage oft „*Das verstehe ich nicht ...*“.
45. __ Ich sage eher „*Könnten Sie es nicht einmal versuchen?*“ als „*Versuchen Sie es einmal*“.
46. __ Ich bin diplomatisch.
47. __ Ich versuche, die an mich gestellten Erwartungen zu übertreffen.
48. __ Beim Telefonieren erledige ich nebenbei oft noch andere Arbeiten.
49. __ „*Die Zähne zusammenbeißen!*“ lautet meine Devise.
50. __ Trotz enormer Anstrengung will mir vieles einfach nicht gelingen.

Auswertung des Fragebogens

Zur Auswertung des Fragebogens übertragen Sie Ihre Bewertungszahlen für jede entsprechende Fragenummer auf den folgenden Auswertungs-schlüssel. Zählen Sie dann die Bewertungszahlen zusammen.

Antreiber 1: SEI PERFEKT										
1	8	11	13	23	24	33	38	43	47	total

Antreiber 2: SEI STARK										
4	9	16	20	22	26	31	40	41	49	total

Antreiber 3: SEI GEFÄLLIG										
2	7	15	17	28	30	35	36	45	46	total

Antreiber 4: STRENG DICH AN										
5	6	10	18	25	29	34	37	44	50	total

Antreiber 5: SEI SCHNELL										
3	12	14	19	21	27	32	39	42	48	total

Übertragen Sie nun die Summen der einzelnen Antreiber in die folgende Tabelle. Die Kategorien, die bei Ihnen am häufigsten vorkommen, zählen zu Ihren persönlichen Antreibern. Lesen Sie auf den nächsten Seiten, wie Sie Ihre Antreiber zu Ihrem eigenen Vorteil umfunktionieren können.

		1. SEI PERFEKT	2. SEI STARK	3. SEI GEFÄLLIG	4. STRENG DICH AN	5. SEI SCHNELL
SEHR STARK	50					
	45					
	40					
	35					
	30					
SEHR SCHWACH	25					
	20					
	15					
	10					

Auswertung:[43]

Bis 30 Punkte: Leistungsförderlich – alles ist gut.

31 bis 39 Punkte: Mögliche Leistungsbeeinträchtigung – lesen Sie die anschließenden Ausführungen zu den Antreibern.

Ab 40 Punkten: Mögliche Gesundheitsgefährdung – nehmen Sie am besten professionelle Unterstützung in Anspruch.

1. Der Perfektionist – Ihr Antreiber: *Sei perfekt!*

Wer diesem Antreiber folgt, fürchtet Fehler und ortet stets Verbesserungsmöglichkeiten. Ob etwas gut genug ist, dafür fehlt jegliche Richtschnur. Die Folgen: Diese Personen agieren oberlehrerhaft, verlieren sich in Details und neigen zur Übererfüllung von Zielen. Arbeiten werden nicht abgeschlossen; hingegen fließt viel Energie in Rechtfertigungen.

Könnten folgende Sätze von Ihnen stammen? „*Gründlichkeit und Vollkommenheit sind die Devisen meines Arbeitens.*“ „*Was ich nach*

[43] Nach: https://www.hernstein.at/newsroom/blog/die-inneren-antreiber-neutralisieren (letzter Zugriff: 20.03.2020).

außen gebe, muss bis ins kleinste Detail fehlerlos sein." „*Fehler empfinde ich als Bloßstellung; ich versuche daher nach Kräften, sie zu vermeiden.*" Sie erkennen sich wieder? Dann antworten Sie Ihrem Antreiber mit dem Erlauber: „*Ich bin gut genug, so wie ich bin. Genug ist genug.*" Versuchen Sie, sich zu entspannen – niemand ist perfekt. Setzen Sie sich machbare Richtwerte für Leistung und Genauigkeit. Überlegen Sie: Welche Folgen hätte ein Fehler wirklich? Lohnt sich der Aufwand, Verbesserungen vorzunehmen? Fehler sind immer auch eine Chance, zu lernen.

Innerer Glaubenssatz: „*Ich muss alles noch besser machen; es ist nie gut genug.*"

Beispiele für eine Transformation in einen förderlichen Glaubenssatz: „*Ich darf Fehler machen und aus ihnen lernen.*" „*Es können manchmal auch 80 Prozent genügen.*"

Tipp: *Gehen Sie die nächste Aufgabe spontan und ohne Angst vor einem schlechten Ergebnis an. Fürchten Sie sich nicht vor Fehlern und Pannen, sondern sehen Sie diese als Chance, zu lernen. Verabschieden Sie sich vom Perfektionismus.*

2. Der Kraftprotz – Ihr Antreiber: *Sei stark!*

Wer diesem Antreiber folgt, holt sich auch bei größtem Druck keine Unterstützung. Alles selbst erledigen, kühl bleiben, Haltung bewahren, sich nur keine Blöße geben: Der „Sei stark"-Antreiber ist ein Aufruf zum Heldentum und zur Unterdrückung von Gefühlen. Das wirkt sich auch auf die Kommunikation aus: Fehlende emotionale Signale erzeugen beim Gegenüber oft Unsicherheit.

Üben Sie sich in Selbstreflexion. Für Sie ist klar: Stärke bedeutet Unabhängigkeit. Sie schlüpfen gern in eine Rolle, die es Ihnen erlaubt, in jeder Situation die Kontrolle zu behalten. So sind Sie scheinbar sicher. Verletzung und Kränkung? Nicht mit Ihnen! „*Denn niemand darf merken, dass ich schwach, empfindlich, ratlos bin*“ – so Ihr innerer Glaubenssatz.

Auch dagegen wirkt ein Erlauber: „*Ich bin offen und drücke meine Wünsche aus.*“ Schaffen Sie sich zunächst Pufferzonen in Ihrer Arbeit. Bitten Sie andere Menschen um Hilfe. Sorgen Sie für Ausgleich – etwa in Form von Freizeitbeschäftigungen, die einfach nur Spaß machen. Und beobachten Sie: Ist die Beziehung zu anderen nicht viel besser geworden, seit Sie sich helfen lassen?

Innere Glaubenssätze: „*Niemand darf merken, dass ich schwach, empfindlich oder ratlos bin.*“ „*Gefühle zeigt man nicht. Gefühle sind ein Zeichen von Schwäche und machen verletzlich.*“ „*Ein Indianer kennt keinen Schmerz.*“

Beispiele für eine Transformation in einen förderlichen Glaubenssatz: „*Ich darf offen sein für Zuwendung.*“ „*Ich darf mir Hilfe holen und sie annehmen.*“ „*Gefühle zu zeigen, ist erlaubt und ein Zeichen von Stärke.*“

Tipp: *Sie sollten Ihren Beziehungen mehr Beachtung schenken. Veranstalten Sie doch einfach einmal ein Fest, bei dem Sie Ihren Mitarbeitern und Kollegen Ihre menschliche Seite zeigen. Öffnen Sie sich Menschen, zu denen Sie Vertrauen haben. Entdecken Sie Ihr tiefes Bedürfnis nach Nähe und Unterstützung von anderen. Nutzen Sie Ihre Stärke, um sich für andere einzusetzen.*

3. Everybody's Darling – Ihr Antreiber: *Sei gefällig!*

Wer diesem Antreiber folgt, verspricht gern viel, um Konflikten möglichst aus dem Weg zu gehen. Man kommuniziert freundlich, aber wenig eindeutig. Antworten sollen vor allem dem Gegenüber gefallen: Be everybody's darling. Die anderen sind stets wichtiger als man selbst. Und die Versprechen? Die bleiben meist auf der Strecke.

Prüfen Sie sich selbst: Nichts fürchten Sie so sehr wie Ablehnung. Sie versuchen stets, es allen anderen recht zu machen. Den Menschen um Sie herum soll es gut gehen. Auch wenn das große Belastung und Stress mit sich bringt. Wichtig ist Ihnen vielmehr, dass es keine Auseinandersetzungen gibt und die Stimmung nicht in den Keller rutscht.

Halten Sie sich lieber an Ihren Erlauber: „*Ich darf Nein sagen.*" Fragen Sie andere nach ihrer Meinung und ihren Wünschen, anstatt sich den Kopf darüber zu zerbrechen. Tun Sie sich öfter selbst etwas Gutes und bitten Sie um einen Gefallen. Üben Sie, Nein zu sagen, und sprechen Sie aus, was Ihnen nicht gefällt. Setzen Sie Grenzen – freundlich, aber bestimmt.

Innere Glaubenssätze: „*Ich bin dann wertvoll, wenn alle mit mir zufrieden sind.*" „*Wenn ich Nein sage, werde ich abgelehnt.*" „*Ich muss immer alle zufriedenstellen, sonst bin ich wertlos.*"

Beispiele für eine Transformation in einen förderlichen Glaubenssatz: „*Ich darf meine Bedürfnisse und Standpunkte ernst nehmen.*" „*Ich bin okay, auch wenn jemand unzufrieden mit mir ist.*" „*Ich darf es auch mir recht machen.*"

Tipp: *Nehmen Sie sich das Recht, einmal schlechte Laune zu zeigen, wenn Sie nicht gut drauf sind. Stehen Sie dazu, wenn Sie bestimmte Menschen nicht besonders mögen. Vertreten Sie klar Ihre Meinung. Arbeiten Sie an Ihrem persönlichen Profil. Wenn Sie jedem gefallen wollen, werden Sie es auf die Dauer niemandem recht machen.*

4. Das Arbeitstier – Ihr Antreiber: *Streng dich an!*

Wer diesem Antreiber folgt, sitzt spät abends noch im Büro. Man will schließlich zu den Besten gehören, und dafür heißt es, mehr zu leisten. Hauptsache, nicht lockerlassen! So werden aber oft falsche Prioritäten gesetzt oder wichtige Dinge übersehen. Führungskräfte wirken belastet, geben kurze Sätze von sich, bringen sie oft nicht zu Ende.

Seien Sie ehrlich zu sich selbst: Stecken Sie Unmengen an Energie in alle Arbeitsbereiche? Zählt für Sie nur ein Ergebnis, das Sie mit viel Mühe und Anstrengung erreicht haben? Bleibt sonst das Gefühl: Wenn es leicht gegangen ist, ist es nichts wert?

Auch für Sie steht ein persönlicher Erlauber bereit: „*Ich tu's und habe Erfolg.*" Wie das gelingt? Planen Sie eine Aufgabe bis zum letzten Schritt – und halten Sie sich penibel daran. Prüfen Sie die Anforderungen. So können Sie sicher sein, nur das Vereinbarte zu tun. Schreiben Sie eine Checkliste, damit Sie nichts übersehen. Seien Sie kreativ und gestalten Sie langweilige Aufgaben interessant.

Innere Glaubenssätze: „*Ich muss mich immer anstrengen, egal wobei.*" „*Das Leben ist hart.*" „*Ohne Fleiß kein Preis.*" „*Ich schaffe es nicht, aber ich muss mich wenigstens bemühen.*"

Beispiele für eine Transformation in einen förderlichen Glaubenssatz: „*Ich kann meine Arbeit auch locker und entspannt tun. Ich kann die Dinge gelassen sehen.*"

Tipp: *Ihre Maxime sollte lauten: „Am Ende zählt nur das Ergebnis." Arbeiten Sie nicht länger an Ihren Schwächen, sondern nutzen Sie Ihre Stärken, um einfacher zum Ziel zu kommen. Lassen Sie bewusst eine Aufgabe liegen und warten Sie ab, ob dadurch eine Katastrophe eintritt. Lassen Sie sich Ihr Leben nicht länger von anderen oder von Sachzwängen schwer machen.*

5. Der Hektiker – Ihr Antreiber: *Mach schnell!*

Wer diesem Antreiber folgt, legt gleich los – oft auch ohne klares Ziel. Ein klassischer Schnellschuss, der das Gefühl unterdrückt, nicht alles unter Kontrolle zu haben. Dieser Antreiber ruft zur Hektik auf. Die

Folgen: Gespräche finden zwischen Tür und Angel statt. Und wichtige Informationen bleiben auf der Strecke.

Prüfen Sie sich selbst: Sie sind ständig in Eile? Sie wollen möglichst viel schaffen? Und am besten so, dass Sie mehrere Aufgaben gleichzeitig zu bewältigen versuchen? Sie verzetteln sich, setzen weder zeitlich noch inhaltlich Schwerpunkte? Zeit für Sie selbst bleibt schon gar nicht? Womit auch immer Sie sich beschäftigen: Sie bleiben an der Oberfläche, denn es muss schnell gehen? Ein möglicher Grund ist die Angst, etwas zu verpassen, aber auch jene vor Nähe kann eine Rolle spielen.

Was tun? Setzen Sie Ihrem Antreiber Ihren Erlauber entgegen: „*Ich nehme mir Zeit.*" Planen Sie Ihre Arbeit, indem Sie Zwischenziele setzen. Hören Sie anderen genau zu – und zwar so lange, bis sie fertig sind. Sprechen Sie selbst bewusst langsamer und fragen Sie nach, ob Ihr Gegenüber Sie versteht.

Innerer Glaubenssatz: „*Ich muss schnell sein, sonst werde ich nicht fertig.*"

Beispiele für eine Transformation in einen förderlichen Glaubenssatz: „*Ich darf mir Zeit nehmen und auch Pausen machen. Manches darf auch länger dauern.*"

Tipp: Nehmen Sie sich bewusst Zeit für sich und setzen Sie in allen Lebensbereichen Prioritäten. Streichen Sie die Termine, die Sie Ihren Zielen im Grunde nicht näherbringen. Lassen Sie sich bewusst auf intensive Beziehungen mit anderen Menschen ein, denn das ständige Hetzen ist zum guten Teil auch die Angst vor zu viel Nähe.

Fragebogen zur Lebenszufriedenheit

Die ***Skala zur Lebenszufriedenheit*** des US-Psychologen Edward Diener ist das weltweit am häufigsten verwendete Instrument zur

Messung der Lebenszufriedenheit.[44] Der Fragebogen besteht aus nur fünf Fragen und gibt Ihnen in einer Minute Auskunft darüber, wie zufrieden Sie im Allgemeinen mit Ihrem eigenen Leben sind. Er misst also das sogenannte Lebensglück. Der Fragebogen kann Ihnen – auch bei Stimmungsschwankungen – ein genaueres Bild vom Ausmaß Ihrer allgemeinen Lebenszufriedenheit vermitteln.

Sie können diesen Fragebogen auch online unter: https://www.psychotherapiepraxis.at/surveys/test_lebenszufriedenheit.phtml ausfüllen.[45] (Letzter Zugriff am 15.04.2020.)

Der QR-Code zum Fragebogen

Anleitung zum Fragebogen:

Unten stehen fünf Aussagen, denen Sie zustimmen können oder auch nicht. Drücken Sie mit den folgenden Zahlenwerten den Grad Ihrer Zustimmung aus und tragen Sie die Ziffer links neben den Aussagen ein:

[44] Pavot, W./Diener, E. (2009) Review of the Satisfaction with Life Scale. In: Diener, E. (Ed.), Assessing well-being: The collected works of Ed Diener, 101–117, Springer Verlag.

[45] Das Original in englischer Sprache ist unter folgendem Link zu finden: http://webcache.googleusercontent.com/search?q=cache:http://labs.psychology.illinois.edu/~ediener/SWLS.html (letzter Zugriff: 15.03.2020).

7 = starke Zustimmung
6 = Zustimmung
5 = geringe Zustimmung
4 = weder Zustimmung noch Ablehnung
3 = geringe Ablehnung
2 = Ablehnung
1 = starke Ablehnung

Zustimmung 1–7	Aussagen
_______	Mein Leben kommt in so ziemlich jeder Hinsicht meinen Idealvorstellungen nahe.
_______	Meine Lebensumstände sind ausgezeichnet.
_______	Ich bin mit meinem Leben rundum zufrieden.
_______	Bisher habe ich die wichtigen Dinge im Leben, die ich haben wollte, bekommen.
_______	Wenn ich mein Leben noch einmal leben dürfte, würde ich nichts anders machen.
	Summe der Punkte

Ergebnis:

30 bis 35: *extrem zufrieden, sehr deutlich über dem Durchschnitt*

25 bis 29: *sehr zufrieden, über dem Durchschnitt*

20 bis 24: *einigermaßen zufrieden, entspricht demDurchschnitt*

15 bis 19: *leicht unzufrieden, knapp unter dem Durchschnitt*

10 bis 14: *unzufrieden, deutlich unter dem Durchschnitt*

5 bis 9: *sehr unzufrieden, drastisch unter dem Durchschnitt*

Zehntausende von Menschen aus verschiedensten Kulturen haben diesen Fragebogen ausgefüllt. Hier einige repräsentative Normwerte: Unter älteren Amerikanern erreichen Männer 28 und

Frauen 26 Punkte. Nordamerikanische College-Studenten erreichen zwischen 23 und 25, osteuropäische und chinesische Studenten im Durchschnitt zwischen 16 und 19 Punkten. Männliche Gefängnisinsassen erreichen im Durchschnitt 12 Punkte, genauso viel wie Menschen in Krankenhäusern. Menschen in psychologischer Behandlung erreichen im Durchschnitt zwischen 14 und 18 Punkten. Nonnen sind mit einem Wert von 25 überdurchschnittlich zufrieden. Menschen, die für andere Menschen sorgen, erreichen im Durchschnitt 21 Punkte.[46]

Als Onlineversion finden Sie den auf der vorigen Seite abgedruckten Fragebogen zur Lebenszufriedenheit auch auf der Website der Universität Zürich unter https://www.charakterstaerken.org. Nach einer kostenlosen Registrierung erhalten Sie Zugang zu rund **25 unterschiedlichen psychologischen Fragebogen rund um Ihre Persönlichkeit samt Auswertung.** (Letzter Zugriff am 15.03.2020.)

Der QR-Code zur Website der Universität Zürich

Erfassung von Emotionen

Der kurz als PANAS (Positive and Negative Affect Schedule) bezeichnete Fragebogen wurde entwickelt, um im Alltag sowohl aktuelle als auch etwas überdauernde Emotionen messen zu können.[47] Er erfasst die momentane Ausprägung der beiden

[46] Pavot, W./Diener, E. (1993) Review of the satisfaction with life scale. Psychological Assessment, 5, 164–172.

[47] Watson, D./Clark, L. A./Tellegen, A. (1988): Development and validation of brief measures of positive and negative affect: The PANAS scale. Journal of Personality and Social Psychology, 54, 1063–1070. Deutsche Version der

weitgehend voneinander unabhängigen Dimensionen Negative Affectivity (NA) mit Gefühlen wie Furcht, Verachtung, Wertlosigkeit, Feindseligkeit und Ekel und Positive Affectivity (PA) mit Gefühlszuständen wie Enthusiasmus, Antriebsstärke, Selbstbestimmtheit und Freude. Die PANAS-Skala ist der am besten validierte Test, mit dem diese Emotionen gemessen werden, und wurde in unzähligen Studien weltweit eingesetzt.

Anleitung:

Sie können diesen Fragbogen auch im Internet unter http://www.authentichappiness.org – allerdings nur auf Englisch – ausfüllen. Dieser Fragebogen enthält eine Reihe von Wörtern, die unterschiedliche Gefühle und Empfindungen beschreiben. Lesen Sie jedes Wort und tragen Sie dann in die Skala neben dem jeweiligen Wort die Intensität ein. Sie haben die Möglichkeit, zwischen fünf Abstufungen zu wählen.

Geben Sie bitte an, wie Sie sich in den letzten Tagen gefühlt haben.

1 bedeutet: *gar nicht*
2 bedeutet: *ein wenig*
3 bedeutet: *mäßig*
4 bedeutet: *ziemlich*
5 bedeutet: *sehr stark*

Positive and Negative Affect Schedule PANAS (Zusammenstellung sozialwissenschaftlicher Items und Skalen – ZIS): www.gesis.org/zis) (letzter Zugriff: 01.05.2020).

Item		**Zahl 1–5:**
aktiv	__	PA
bekümmert	__	NA
interessiert	__	PA
freudig erregt	__	PA
verärgert	__	NA
stark	__	PA
schuldig	__	NA
erschrocken	__	NA
feindselig	__	NA
angeregt	__	PA
stolz	__	PA
gereizt	__	NA
begeistert	__	PA
beschämt	__	NA
wach	__	PA
nervös	__	NA
entschlossen	__	PA
aufmerksam	__	PA
durcheinander	__	NA
ängstlich	__	NA
Summe: PA	__	
Summe: NA	__	

Auswertung:

Um den Fragebogen auszuwerten, zählen Sie einfach Ihre zehn Werte für PA (Positiver Affekt) zusammen und dann separat Ihre zehn Werte für NA (Negativer Affekt). Sie erhalten zwei Ergebnisse für Ihre Stimmungsqualität, die jeweils zwischen 10 und 50 liegen.

Ergebnis:

Als Annäherungswerte gelten: Der durchschnittliche US-Bürger hat einen PA-Wert von 29,7 mit einer Standardabweichung von 7,9.

Durchschnittlicher NA-Wert ist 14,8 mit einer Standardabweichung von 5,7.[48]

Fragebogen zum allgemeinen Glückserleben

Generell gilt es, zwischen Ihrem momentanen und Ihrem nachhaltigen Glücksniveau zu unterscheiden. Momentanes Glück kann auf einfache Weise gesteigert werden, zum Beispiel durch einen lustigen Film, ein Kompliment, einen Strauß Blumen oder ein neues Kleidungsstück. Die Herausforderung besteht darin, das Glücksniveau nachhaltig anzuheben bzw. hoch zu halten. Die folgende Skala wurde von Sonja Lyubomirsky, Professorin für Psychologie an der University of California, entwickelt.[49] Der Fragebogen kann auch online unter www.authentichappiness.org (auf Deutsch, letzter Zugriff am 05.05.2020) ausgefüllt werden. Erforderlich ist lediglich eine kostenfreie Registrierung. Sie sehen dann Ihre Werte im Vergleich zu Menschen Ihrer Altersgruppe, Ihrer Berufsgruppe und Ihres Bildungsgrads.

Anleitung:

Bitte kreuzen Sie bei den folgenden Aussagen und/oder Fragen den Zahlenwert an, der Sie Ihrem Gefühl nach am besten beschreibt:

1. *Im Allgemeinen halte ich mich für:*

1	2	3	4	5	6	7

einen nicht sehr glücklichen Menschen — *einen sehr glücklichen Menschen*

[48] Seligman, E. P. (2005) Der Glücks-Faktor: Warum Optimisten länger leben. Taschenbuch, Bastei Lübbe.

[49] Lyubomirsky, S./Lepper, H. S. (1999) A measure of subjective happiness: Preliminary reliability and construct validation. Social Indicators Research, 46, 137–155.

2. Verglichen mit den meisten Menschen meines Alters halte ich mich für:

1	2	3	4	5	6	7
weniger glücklich						*glücklicher*

4. Manche Menschen sind im Allgemeinen nicht sehr glücklich. Obwohl sie nicht depressiv sind, scheinen sie niemals so glücklich zu sein, wie sie sein könnten. Wie gut trifft diese Beschreibung auf Sie zu?

1	2	3	4	5	6	7
Trifft sehr genau zu.						*Trifft überhaupt nicht zu.*

3. Manche Menschen sind im Allgemeinen glücklich. Sie genießen ihr Leben unabhängig davon, was gerade passiert, und holen aus allem das Beste heraus. Wie gut trifft diese Beschreibung auf Sie zu?

1	2	3	4	5	6	7
Trifft überhaupt nicht zu.						*Trifft sehr genau zu.*

Auswertung:

Um den Fragebogen auszuwerten, zählen Sie bitte die von Ihnen angekreuzten Zahlenwerte zusammen und dividieren die Summe durch 4. Der Durchschnitt für amerikanische Erwachsene liegt bei 4,8. Zwei Drittel der Menschen erhalten Werte zwischen 3,8 und 5,8.

Fragebogen zur Dankbarkeit

Wenn Sie wissen möchten, wie stark Ihre Dankbarkeit im Vergleich zu der anderer Menschen ausgeprägt ist, können Sie folgenden einfachen Dankbarkeitstest machen. Dies ist der wissenschaftlich fundierteste Fragebogen für Dankbarkeit. Er wurde von Mike McCullough und Robert Emmons entwickelt, Amerikas führenden Forschern auf den Gebieten der Dankbarkeit und der Vergebung.

Wenn Sie den Dankbarkeitstest ausdrucken möchten, geben Sie einfach diesen Link zum Download ein: http://bit.ly/Test-Dankbarkeit

Der QR-Code zum Fragebogen:

Anleitung für den Dankbarkeitsfragebogen:

Drücken Sie mit den folgenden Zahlenwerten den Grad Ihrer Zustimmung aus und tragen Sie die Zahl links neben den Aussagen ein:

1 = *starke Ablehnung*
2 = *Ablehnung*
3 = *geringe Ablehnung*
4 = *weder Zustimmung noch Ablehnung*
5 = *geringe Zustimmung*
6 = *Zustimmung*
7 = *starke Zustimmung*

Fragebogen:

____ 1. *Ich habe sehr viel im Leben, wofür ich dankbar bin.*

____ 2. *Wenn ich alles, wofür ich mich dankbar gefühlt habe, auf Listen sollte, ergäbe das eine sehr lange Liste.*

____ 3. *Wenn ich mir die Welt ansehe, erkenne ich nicht viel, wo für ich dankbar sein kann.*

____4. *Ich bin einer großen Anzahl von Menschen dankbar.*

____ 5. *Während ich älter werde, erkenne ich, dass ich besser in der Lage bin, die Menschen, die Ereignisse und die Situationen zu würdigen, die Teil meiner Lebensgeschichte gewesen sind.*

____ 6. *Es kann sehr viel Zeit vergehen, bevor ich für jemanden oder etwas Dankbarkeit spüre.*

Auswertung:

Zählen Sie Ihre Punktwerte für die Aussagen 1, 2, 4, und 5 zusammen. Kehren Sie Ihre Punktwerte für die Aussagen 3 und 6 um. Geben Sie sich also 1 Punkt, wenn Sie den Punktwert 7 eingetragen haben, 2 Punkte für den Punktwert 6 usw. Zählen Sie die umgedrehten Ziffern für die Aussagen 3 und 6 zur Summe von Aussage Nr. 1, 2, 4, und 5 hinzu. Daraus ergibt sich Ihr Wert für die Dankbarkeit. Dieser muss zwischen 6 und 42 liegen.

Summe: ________

Vergleichswerte:[50]

Auf Basis einer Stichprobe von 1.244 Erwachsenen hier einige Anhaltspunkte, damit Sie Ihr Ergebnis richtig einordnen können: Bei

[50] Diese Vergleichswerte stammen aus dem Buch: Seligman, M. E. P. (2005) Der Glücks-Faktor: Warum Optimisten länger leben. Taschenbuch, Bastei

einem Ergebnis von 35 und niedriger gehören Sie laut dieser Stichprobe zum unteren Viertel, was Dankbarkeit angeht. Liegt Ihre Zahl zwischen 36 und 38, so gehören Sie zur unteren Hälfte. Liegt sie zwischen 39 und 41, zählen Sie zum oberen Viertel und mit der Zahl 42 zum oberen Achtel. Die Ergebnisse von Frauen liegen etwas über denen von Männern und die Ergebnisse älterer Menschen etwas über denen der Jüngeren.

Gott sei Dank ...

Ein reicher Mann beobachtet einen Bettler dabei, wie dieser etwas aus einem Abfallkorb herausfischt. Der reiche Mann sagt sich: „Gott sei Dank bin ich reich." Der Bettler sieht einen Mann im Rollstuhl und sagt sich: „Gott sei Dank kann ich gehen." Der Rollstuhlfahrer sieht eine Ambulanz mit Blaulicht vorbeifahren und sagt sich: „Gott sei Dank bin ich gesund." Im Krankenhaus stirbt der Bettnachbar in einem Zweibettzimmer. Der Verbliebene sagt sich: „Gott sei Dank bin ich am Leben."

Mit welchen Dankbarkeitsübungen Sie in den Tag starten bzw. den Tag abschließen können, erfahren Sie in unserem Buch: *Jeden Tag glücklich! Positive Psychologie für mehr Glück und Lebensfreude.*

Weitere Fragebogen:

Wenn Sie an weiteren Fragebogen zu unterschiedlichen persönlichen Themen interessiert sind, rufen Sie zum Beispiel die Website der Universität Zürich auf: www.charakterstaerken.org. (Letzter Zugriff am 05.05.2020.) Dort haben Sie nach einer kostenlosen Registrierung Zugang zu rund 30 unterschiedlichen

---

Lübbe. Da vermutlich Antworten von mehrheitlich in Nordamerika lebenden Menschen in diese Auswertung eingeflossen sind, betrachten Sie diese Vergleichswerte bitte lediglich als Richtwerte. Unterschiedliche Kulturkreise können Dankbarkeit unterschiedlich bewerten.

Persönlichkeitstests. Einen weiteren Fragebogen zu Ihrer Persönlichkeit finden Sie unter: *http://www.managementkompetenzen.de/persoenlichkeitstest.html* (letzter Zugriff am 05.05.2020).

Fazit

Affirmationen sind ebenso einfach wie effektiv, um Ziele zu erreichen, sich von negativen Glaubenssätzen zu befreien, das Selbstwertgefühl zu stärken oder mit unliebsamen Gewohnheiten zu brechen. Sie helfen dabei, die eigenen Gedanken allmählich umzuprogrammieren. Das Ziel von Affirmationen ist, das eigene Verhalten und die eigenen Gefühle durch positive Gedanken dauerhaft zu verändern. Denken, Fühlen und Handeln beeinflussen einander nämlich wechselseitig, und wenn man seine Gedanken mit Hilfe von Affirmationen dauerhaft ändert, dann ändern sich nach einiger Zeit auch das eigene Verhalten und die damit verbundenen Gefühle. Eine richtig formulierte und zielgerichtete Affirmation ist daher eine sehr einfache und kraftvolle Methode, um das eigene Leben in eine andere, günstige Richtung zu lenken. Nun, da Sie dieses Buch gelesen haben, kennen Sie alle Grundlagen, um Ihre ganz persönlichen und individuellen Affirmationen zu erstellen und in Ihren Tagesablauf einzubauen.

Was auch immer Ihre aktuellen Ziele oder Bedürfnisse sind – Affirmationen können Ihnen dabei helfen, Ihr Leben zum Positiven zu verändern. Indem sich Ihr Verstand auf das Gute konzentriert, wird es Ihnen möglich, zu dem Menschen zu werden, der Sie sein möchten. Und das wünschen wir Ihnen von ganzem Herzen!

Dr. Beate Guldenschuh-Feßler
Dr. Roman Feßler

Literaturverzeichnis

Abel/Kruger (2010) Smile Intensity in Photographs predicts Longevity. Psychological sience. Download unter: http://pss.sagepub.com/content/early/2010/02/26/0956797610363775.extract. (letzter Zugriff: 07.06.2020)

Bandler, Richard/Grinder, John (2010) Reframing: Neurolinguistisches Programmieren und die Transformation von Bedeutung. Junfermann Verlag.

Bellersen, Michael (2012) Ihr Erfolg mit Affirmationen: Das große Buch der Affirmationen für alle Lebenslagen. BoD.

Benson, Herbert (1997) Heilung durch Glauben. Heyne Verlag.

Birdwhistell, Ray L. (1970) Kinesics and Context: Essays on Body Motion Communication. University of Pennsylvania Press.

Coué, Émile (2017) Bewusste Autosuggestion: Nicht der Wille ist der Antrieb unseres Handelns, sondern die Vorstellungskraft. Epubli Verlag.

Derra, Claus (1998) Autogenes Training für zwischendurch. Georg Thieme Verlag.

Diener, E./Emmons, R./Larsen, R./Griffin, S. (1985) The satisfaction with life scale. Journal of Personality Assessment, 5, 164–172.

Eggetsberger, Gerhard/Eggetsberger, Markus (2020) Psychonetik – FlowZoning und andere psychonetische Techniken. Download unter: https://eggetsberger.net.

Ekman, Paul (2011) Gefühle lesen: Wie Sie Emotionen erkennen und richtig interpretieren. Spektrum Akademischer Verlag.

Ellis, A. (1977) How to live with – and without – anger. Reader's Digest Press.

Gührs, Manfred/Nowak, Claus (2002) Das konstruktive Gespräch: Ein Leitfaden für Beratung, Unterricht und Mitarbeiterführung mit Konzepten der Transaktionsanalyse. 5. Auflage, Verlag Christa Limmer.

Güpner, A./Seebacher, U./Hillert, A. (2015) Erfolgreiches betriebliches Gesundheitsmanagement mit Corporate Mental Wellness: Wie sich Mitarbeiter und Unternehmen vor Burn-Out, Depressionen und anderen Erkrankungen schützen können. BookRix Verlag.

Hasselhorn, Marcus/Schneider, Wolfgang (2007) Handbuch der Entwicklungspsychologie. Handbuch der Psychologie, Hogrefe Verlag.

Hay, Louise (2011) Balance für Körper und Seele. Ullstein Verlag.

Hay, Louise (2016) Spiegelarbeit: Die Essenz aus Louise Hays Lebenshilfe-Programm als 21-Tage-Kurs, L.E.O. Verlag.

Von Hirschhausen, Eckart (2009) Mein Glück kommt selten allein. Glück kommt mit deinem persönlichen Glücks-Tagebuch! Rowohlt Verlag.

Kaschak, Hans-Jürgen (2015) Mentaltraining für Finanzdienstleister und Versicherungsvermittler. Springer Verlag.

Kataria, Madan (2013) Informationen unter: http://www.lachverband.org/Entstehung.53761.html (letzter Zugriff: 05.05.2020).

Kälin, K./Müri, P. (1985) Sich und andere führen. Ott Verlag.

Korba, Rodney J. (1990), The Rate of Inner Speech. Research Article, Volume: 71, 3, 1043–1052.

Krapf, M./Krapf, G. (2004) Autogenes Training. Springer Verlag.

Lally, P., et al. (2009) How are habits formed: Modelling habit formation in the real world. European Journal of Social Psychology, 40 (6), 998–1009.

Lefcourt, H. M. (2005) Humor. In: Snyder/Lopez (Hg.); Handbook of positive psychology, 619–631. Oxford University Press.

Lisann, Melina (2017) Blühendes Gedankenleben – 30 Reim-Affirmationen. Epubli Verlag.

Lyubomirsky, S./Lepper, H. S. (1999) A measure of subjective happiness: Preliminary reliability and construct validation. Social Indicators Research, 46, 137–155.

Memedovic, S./Grisham, J. R./Denson, T. F./Moulds, M. L. (2010) The effects of trait reappraisal and suppression on anger and blood pressure in response to provocation. Journal of Research in Personality, 44, 540–543.

Morin, Alain/Hamper, Breanne (2018) Self-Reflection and the Inner Voice: Activation of the Left Inferior Frontal Gyrus During Perceptual and Conceptual Self-Referential Thinking. The Open Neuroimaging Journal, ISSN: 1874-4400 – Volume 12.

Nieuwland, M. S./Kuperberg, G. R. (2008) When the truth is not too hard to handle: An event-related potential study on the pragmatics of negation. Psychological Science, 12.2008.

Norretanders, T. (2001) Spüre die Welt. Rowohlt Verlag.

Oohashi, T., et al. (2000) Inaudible high-frequency sounds affect brain activity: hypersonic effect. Journal of Neurophysiology 83: 3548–3558.

Pavot, W./Diener, E. (1993) Review of the satisfaction with life scale. Psychological Assessment, 5, 164–172.

Perry, Justin (2016) 222 Prosperity Affirmations: How to speak Prosperity and Abundance into your life! YouAreCreators Publishing.

Raschke, Friederike (2011) Sportpsychologie im Triathlon. spomedis Verlag.

Rizzolatti, G./Craighero, L. (2004) The Mirror-Neuron System. Annual Rev. Neurosci., 27, 169–192.

Roediger, Eckhard (2015) Raus aus den Lebensfallen: Das Schematherapie-Patientenbuch. Junfermann Verlag.

Roth, Gerhard (2003) Fühlen, Denken, Handeln: Wie das Gehirn unser Verhalten steuert. Suhrkamp-Taschenbuch Wissenschaft, Band 1678.

Rothermund/Eder (2011) Motivation und Emotion. VS Verlag.

Schmid, Norman (2013) Mein Weg in die Entspannung. Verlag Maudrich.

Seligman, E. P. (2005) Der Glücks-Faktor: Warum Optimisten länger leben. Taschenbuch, Bastei Lübbe.

Singer, Wolf/Ricard, Matthieu (2008) Hirnforschung und Meditation. Suhrkamp.

Stavemann, H. (1999) Emotionale Turbulenzen: Kognitive Verhaltenstherapie von Angst, Aggression, Depression und Verzweiflung. Beltz Verlag.

Smith, Dave, et al. (2003) Impact and mechanism of mental practice effects on strength. Manchester Metropolitan University, International Journal of Sport und Exercise Psychology, 1, 3.

Spitzer, Manfred (2012) Digitale Demenz: Wie wir uns und unsere Kinder um den Verstand bringen. Droemer Verlag.

St. John, Noah (2008) The Great Little Book of Afformations. Metapublishing.

Stapely, Louise (2014) The Power of Affirmations and their Secret to Success. Amazon Direct Publishing.

Thich Nhat Hanh (2018) Leben ist, was jetzt passiert: Das Geheimnis der Achtsamkeit. Lotos Verlag.

Watson, D./Clark, L. A./Tellegen, A. (1988) Development and validation of brief measures of positive and negative affect: The PANAS scale. Journal of Personality and Social Psychology, 54: 1063–1070.

Wilson, Christine, et al. (2010) Participant-generated imagery scripts produce greater EMG activity and imagery ability. European Journal of Sport Science, 10, 6, 417–425.

Wood et al. (2009) Positive Self-Statements: Power for Some, Peril for Others. Psychological Science, 20 (7), 860–866.

Wood, Joane (2009) Positive thinking's negative results – Words of wisdom: For some people, optimistic thoughts can do more harm than good. The Economist (11.06.2009).

Die Autoren

Dr. Beate Guldenschuh-Feßler ist promovierte Diplompsychologin und als Psychotherapeutin (Verhaltenstherapie), Klinische und Gesundheitspsychologin und Lehrtherapeutin in eigener Praxis tätig.

www.psychotherapie-bgf.at

Ihre Schwerpunkte sind:

- Behandlung psychischer Erkrankungen
- Psychologisches Coaching
- Lehrtherapie
- Burn-out-Prävention
- Entspannungsverfahren

Dr. Roman Feßler arbeitet branchenübergreifend als selbstständiger Trainer, Berater und Coach. Zu seinen Kunden zählen namhafte Unternehmen aus den Bereichen Banken, Industrie und Handel.

Seine
Schwerpunkte sind:

- Persönlichkeitsentwicklung
- Motivation und Stressmanagement
- Burn-out-Prävention
- Entwicklung von Führungskräften
- Customer-Relationship- und Beziehungsmanagement

Weitere Bücher der Autoren

Jeden Tag glücklich!
Mit Positiver Psychologie zu mehr Glück und Lebensfreude (199 Praxis-Tipps)

- Sie möchten ein glückliches Leben führen?
- Sie wollen mehr Lebensfreude verspüren?
- Sie möchten Übungen kennenlernen, mit denen Sie Ihr Glücksniveau steigern können?

Dann sollten Sie sich die Erkenntnisse der Positiven Psychologie zunutze machen.

Denn durch bestimmte Verhaltensweisen können Sie bis zu 40 Prozent Ihres persönlichen Glückniveaus selbst beeinflussen! Auch und gerade in Krisen und schwierigen Alltagssituationen ist durch einfache psychologische Übungen eine Steigerung Ihres Glücksempfindens und Ihrer Lebensfreude möglich. Das Buch enthält 199 psychologische Tipps und Übungen sowie 21 Tests und Fragebogen zur Selbstreflexion samt Download-Links und QR-Codes zum Ausdruck.

Erhältlich auf Amazon als E-Book, Taschenbuch oder als gebundene Ausgabe unter: bit.ly/Jeden-Tag-glücklich

Der QR-Code zum Buch

Impressum

www.verlagmensch.com
info@verlagmensch.com
Bregenzer Straße 64
6900 Bregenz, Österreich